Susanne Roth

Das kleine Buch der Arbeitsorganisation

simplify your work

Das kleine Buch der Arbeitsorganisation

ISBN 978-3-8125-0816-2
Herausgeber: Detlef Koenig, Bonn
Redaktion: Susanne Roth, Madrid
Lektorat: Stefanie Schmid, Bonn
Produktmanagement: Michaela Brune, Bonn
Zeichnungen: Werner Tiki Küstenmacher, Gröbenzell
Herstellung: Lars Heidenreich, Herrenberg

Design: Verena Pütz, Bonn
Druck: Gebr. Knöller GmbH & CoKG, Stuttgart

VNR Verlag für die Deutsche Wirtschaft AG
Eingetragen: Amtsgericht Bonn HRB 8165
Vorstand: Helmut Graf, Bonn
Besucheradresse: VNR Verlag für die Deutsche Wirtschaft AG
Theodor-Heuss-Str. 2-4, 53177 Bonn,
(Großkundenpostleitzahl: 53095 Bonn)
Kundenservice-Tel.: (0228) 9 55 01 40
E-Mail: info@simplify.de

Liebe Leserin, lieber Leser,

stellen Sie sich vor, Sie kommen morgens ins Büro und setzen sich mit einer Tasse frischen Kaffee an Ihren aufgeräumten Schreibtisch. Aus Ihrer Arbeitsablage ziehen Sie die Mappe mit den Notizen für ein wichtiges Projekt und vertiefen sich in die Aufgabe, ein Konzept zu erarbeiten. Zeit vergeht. Als Sie das nächste Mal auf die Uhr sehen, ist es 70 Minuten später, der Kaffee ist längst kalt, und vor Ihnen liegt eine komplette Grobplanung, inklusive konkreter Ansätze, wie Sie die Details ausführen werden – das wird es Ihnen leicht machen, morgen an dem Projekt weiterzuarbeiten. Aber jetzt ist es Zeit, die Post zu sichten ... Klingt verlockend?

Arbeitspsychologen halten die Fähigkeit zum organisierten, konzentrierten Arbeiten für eine der zukünftigen Schlüsselkompetenzen, die über Erfolg und Misserfolg entscheiden werden. Bleibt zu ergänzen: Schon heute entscheidet diese Fähigkeit über Ihre Motivation, Ihre Effektivität und über Ihren Spaß an der Arbeit. Probieren Sie's aus: Alles, was Sie brauchen, um Ihre Arbeitsorganisation systematisch auf Erfolgskurs zu bringen, finden Sie in diesem Buch. Ob das nun ein konkretes Ablagesystem für eine alltagstaugliche Schreibtisch-Ordnung ist oder einfache Arbeitsmethoden für Ihr Aufgaben- und Zeitmanagement oder eine Schritt-für-Schritt-Anleitung, wie Sie Vorhaben in Ihr Leben integrieren.

Viel Erfolg beim Umsetzen – und viele Tassen Kaffee, die auf Ihrem Schreibtisch kalt werden – wünscht Ihnen

Ihre

Susanne Roth
simplify your work

Inhalt

4. Zeitmanagement

5. Zielmanagement

6. Checklisten, Formulare & Co.

1. Schreibtischchaos? Nein, danke!

1.1 Nie wieder Aufräumen: Das große Reinemachen

Ärmel hochkrempeln!

Träumen auch Sie von einem „Alles-im-Blick-alles-im-Griff-Büro"? Ich spreche hier nicht von einer peniblen Schreibtischordnung, bei der die frisch gespitzten Bleistifte immer hübsch parallel liegen. Ich spreche von einem funktionstüchtigen Arbeitsplatz, der alle organisatorischen Voraussetzungen dafür mitbringt, dass die Organisation sich als Thema sozusagen selbst abschafft. Und ich spreche von einem Arbeitsplatz, der Ihnen angenehm ist, an dem Sie sich wohl fühlen, der Sie durchaus auch ästhetisch anregt, an dem Sie acht oder neun oder zehn oder bisweilen auch noch mehr Stunden am Tag Leistung erbringen können.

Dann kommen Sie an diesem ersten Schritt nicht vorbei - aber keine Angst: Erdauert gar nicht lange!

Schritt 1: Alles raus- und runterräumen

Ziel ist es, dass der gesamte Inhalt Ihres Büros bzw. Ihres Arbeitsplatzes einmal komplett durchforstet wird.

Das brauchen Sie dazu:

- einen Karton für den Objektmüll,
- einen Karton für den Papiermüll,
- einen Karton für Transit-Objekte: Bücher, die Sie sich ausgeliehen haben und zurückgeben möchten, überflüssige Objekte, die

Sie weiterschenken können, Geräte, bei denen sich die Reparatur wirklich lohnt, Gegenstände, die eigentlich in eine andere Abteilung gehören, etc.

Außerdem ist es sinnvoll, wenn Sie sich mehrere Schachteln für Kleinutensilien bereitstellen, beispielsweise

- für Stifte aller Art,
- für Visualisierungsmittel wie Magneten oder Pinnadeln,
- für CD-ROMs,
- für „Nachfüllpackungen" wie Heftklammern, Füllhalterpatronen etc., für Kleingeräte und EDV-Zubehör: Kabel, Programm-CDs, Software-Handbücher, Betriebsanleitungen, Mehrfach-Steckdosen etc.
- für Visualisierungsmittel wie Magneten oder Pinnadeln.

Dann machen Sie Ernst und räumen alles ab und raus: Leeren Sie Regale, Schubladen und Schränke, räumen Sie horizontale Flächen wie Tische, Fensterbänke und Stühle frei. Das Einzige, was im Moment noch in den Regalen bzw. Schränken bleiben darf, sind Ihre Ordner und Hängemappen sowie Ihre Fachbücher. Alles andere kommt auf den Fußboden bzw. gleich in einen der Kartons.

Schritt 2: Gegenstände grob vorsortieren

Alle Büroutensilien und sonstigen Gegenstände gruppieren Sie auf dem Fußboden bzw. sammeln Sie in den entsprechenden Kartons. Was offensichtlich kaputt ist oder sonst nicht mehr gebraucht wird (wie unpraktische oder einfach hässliche Werbegeschenke), kommt sofort in den Objektmüll-Karton.

Schritt 3: Papier einfach stapeln

Sämtliche Papierunterlagen sammeln Sie einfach auf einem Stapel. Was von diesen Unterlagen auf den ersten Blick in den Papiermüll gehört, wie der Katalog Büroartikel 2001 oder die Einladung zur Weihnachtsfeier 2002, werfen Sie sofort in den Papiermüll-Karton.

Gehen Sie die Unterlagen jedoch nicht Blatt für Blatt durch, und lesen Sie sie vor allem nicht. Sonst geraten Sie in Versuchung, auf einen wieder aufgetauchten Brief vom vergangenen Monat gleich mit einem Anruf zu reagieren – und kommen mit dem Aufräumen nicht weiter. Sammeln Sie einfach. Das Sortieren kommt später dran!

Schritt 4: Alles wird blitzeblank

Alles leer, alles abgeräumt? Nun geht's ans Entstauben und Polieren. Beginnen Sie mit den Oberflächen, dann kommen die Innenräume von Schränken und Regalen aller Art dran.

Diese Arbeit können Sie natürlich auch delegieren, aber sie dauert gar nicht lange und hat einen wichtigen psychologischen Nebeneffekt: Die eigenhändig blank geputzten Regalfächer werden Sie gleich mit deutlich größerem Respekt wieder füllen.

1.2 Arbeitsmittel: Rigoros aussortieren, den Rest sinnvoll beheimaten

Das Motto: Jeder Gegenstand hat seinen festen Platz

Beginnen Sie nun, nach diesem Motto Ihre Arbeitsmaterialien zu ordnen: Weisen Sie jedem Gegenstand einen sinnvollen Ort zu. Wichtig ist, dass Sie sich dabei frei machen davon, wo Sie die Dinge bisher aufbewahrt haben. Womöglich kommen sie ja genau dorthin zurück – vielleicht erweist sich aber auch ein anderer Ort als viel zweckmäßiger. Räumen Sie also nichts einfach an seinen Platz zurück.

Das System des festen Platzes hat übrigens nicht nur deutliche Vorteile, wenn Sie etwas brauchen (und sofort finden). Es erspart Ihnen auch in Zukunft erhebliche Aufräumzeiten. Denn Sie können sozusagen blind mit wenigen Handgriffen und zielsicher alles an seinen Platz zurücklegen, wenn Sie es nicht mehr brauchen.

Bei der Platzbestimmung gehen Sie immer von der Frage aus, wie häufig und wo Sie einen Gegenstand benutzen. Im Zentrum steht also nicht der Gegenstand – im Zentrum stehen Sie, Ihre Arbeit und was Sie dafür benötigen.

Tipp

- Sortieren Sie beim Einordnen ständig weiter aus! Beispiel: Sie haben Ihre Lieblings-Bürotasse wieder auf den Schreibtisch gestellt? Falls weitere Tassen auf dem Boden warten: Werfen Sie sie weg, verschenken Sie sie, oder nehmen Sie sie heute Abend mit nach Hause. Das Gleiche gilt für die zweite Stifteschale und andere Kleinutensilien, die eindeutig überflüssig sind!

Das Reichweite-Prinzip

Kategorie I: auf dem Schreibtisch

Hier gehört alles hin, was Sie mehrmals täglich brauchen, z. B. das Telefon, Bildschirm, Tastatur, Ihre ständig gebrauchten Stifte, eventuell eine Wiedervorlage und Ihr Zeitplanbuch sowie Ihre Adressen (im Rolodex). Auf diese Utensilien haben Sie direkten Zugriff, ohne Ihre Sitzposition zu ändern.

Die eiserne Regel: Geizen Sie mit dem Platz auf und um Ihren Schreibtisch!

Kategorie II: um den Schreibtisch herum

In diese Kategorie gehört alles, was Sie täglich brauchen oder mindestens wöchentlich brauchen, wie Schere, Tesafilm, Hefter, Locher, Taschenrechner, Ablageutensilien, Blanko-Etiketten; Formulare und Vordrucke, Briefpapier, -umschläge, -marken, Klarsichthüllen, Fax und Drucker sowie häufig benutzte Nachschlagewerke.

Hierauf haben Sie ebenfalls direkten Zugriff im Sitzen, ändern dabei aber Ihre Position, indem Sie sich bspw. vorbeugen oder strecken.

Kategorie III: im Büro bzw. ausgelagert

Für alles, was Sie seltener als täglich brauchen, müssen Sie aufstehen, um es zu erreichen. Hauptsächlich werden das spezielle Arbeitsmittel und Organisationshilfen sein, wie Trennblätter, Pinnnadeln, CD-ROMs, Bücher sowie EDV- und Elektronikzubehör.

Den jeweiligen Aufbewahrungsort legen Sie dann wiederum nach Erreichbarkeit fest: Ganz hinten bzw. ganz oben in die Schränke kommen größere und selten benötigte Einheiten oder Gegenstände; die bequem erreichbare Mittellage reservieren Sie für häufiger Benutztes und solche Detailutensilien, die Sie zum Herausholen gut sehen können müssen.

Stichwort Formulare, Briefpapier und andere Vordrucke

Wenn Sie an Ihrem Arbeitsplatz Ablagekörbe oder hohe Schubladenelemente für den Zugriff auf Papier, Hüllen, Vordrucke, Etikettenbögen und Ähnliches in DIN A4 und DIN A5 verwenden, verschenken Sie viel Platz. Gute Alternativen:

Flachschubladen: Ersetzen Sie die Platzfresser durch spezielle Flachschubladen-Systeme. Sie erreichen damit eine Platzersparnis von mindestens 50 %. Testen Sie selbst: Eine nur 20 Millimeter hohe Schublade bietet Raum für 200 Blatt Papier oder 100 Prospekthüllen. Ein Klebezettel auf dem Schubladenboden erinnert Sie daran, wo der Nachschub liegt.

Einstellmappen: Platz sparend und übersichtlich ist auch diese Lösung. Da sie wenig Platz brauchen, können Sie für jedes Formular, jeden Vordruck etc. jeweils eine eigene Mappe anlegen. Ideal für den schnellen Zugriff!

Stichwort Papierkorb

Ebenfalls zu den Arbeitsmitteln im direkten Zugriff gehört der Papierkorb bzw. Mülleimer. Er sollte bei Rechtshändern rechts, bei Linkshändern links unter oder neben dem Schreibtisch stehen – und zwar so, dass er ohne Verrenkungen benutzt werden kann. Wichtig ist, dass Ihr Papierkorb groß ist. Und wenn er groß ist, dann sollte er auch nach etwas aussehen: Begreifen Sie ihn als eine Art Möbel! Stellen Sie sich neben den Papierkorb ein großes rechteckiges Behältnis für Altpapier: einen hübschen Pappkarton oder eine Kiste im Korbdesign. Das ist zum einen gut für die Umwelt. Zum anderen erleichtert es Ihnen das entschlosse-

ne Entsorgen von Unterlagen: Da sie knitterfrei und „chronologisch“ im Stapel aufbewahrt werden, können Sie sie „auf Probe“ wegwerfen und notfalls zurückholen.

Tipps

- Beschränken Sie die Vorräte, die Sie im direkten Zugriff unterbringen. Niemand braucht beispielsweise 250 Exemplare seines Briefbogens am Arbeitsplatz oder fünf CD-ROM-Packungen à zehn Stück.
- Wenn Sie Schubladen öffnen und schließen, werden die Gegenstände darin verschoben – das ist ein physikalisches Gesetz, gegen das nur das Unterteilen der Schubladen wirklich hilft. Entsprechende Einsätze bietet beispielsweise der Hersteller Smead für die verschiedenen Schubladenformate von Bisley-Schränken an. Alternative: Unterteilen Sie Ihre Schubladen mithilfe (stabiler) kleiner Pappschachteln. So bleiben die Dinge nicht nur an ihrem Platz, Sie können pro Schublade auch viel mehr unterbringen.

1.3 Büroorganisation: Die Kommandozentrale

Richten Sie sich Ihre Kommandozentrale ein

Stellen Sie sich vier Ablageschalen bzw. -körbe auf den Schreibtisch, am besten übereinander gestapelte schwenkbare. So sparen Sie kostbaren Platz, und Sie haben dennoch einen guten Blick auf die jeweiligen Inhalte.

Korb 1: In den **Eingangskorb** gehört alles, was auf Ihrem Schreibtisch ankommt: Ihre Eingangspost, eine Anfrage, die ein Kollege vorbeibringt, eine Fachzeitschrift, Telefonnotizen etc.

Korb 2: Zu den **Tagesaktivitäten** gehört alles, was Sie am jeweiligen Tag bearbeiten werden.

Korb 3: Wenn Sie eine Aufgabe nicht ganz abschließen können, etwa weil Sie einen Gesprächspartner im Moment telefonisch nicht erreichen, wird das entsprechende Dokument in den Korb **Laufend** gelegt – es kommt nicht zurück zu den Tagesaktivitäten!

Korb 4: In den Ausgangskorb legen Sie Ihre **Ausgangspost** – sowohl betriebsintern als auch -extern.

So arbeiten Sie mit Ihrer Kommandozentrale

Und so funktioniert Ihr System: Alle eingehenden Dokumente kommen grundsätzlich in den Eingangskorb. Diesen leeren Sie mehrmals täglich. Dabei nehmen Sie eine Unterlage nach der anderen zur Hand und fragen sich:

1. **Kann ich das wegwerfen?** Wenn ja, werfen Sie es weg.

2. **Kann ich es gleich ablegen?** Wenn ja, dann legen Sie es ab – und zwar direkt dorthin, wo es hingehört!

3. **Wenn es eine Aufgabe ist: Kann ich sie delegieren?** Wenn ja, schreiben Sie sofort einen entsprechenden Delegationsvermerk auf das Dokument (Wer soll was bis wann erledigen?) und bringen es auf den Weg.

4. **Oder muss ich es selbst erledigen?** Und, wenn ja: Kann ich es jetzt sofort erledigen? Dann erledigen Sie es sofort – oder legen es in den Tagesaktivitätenkorb.

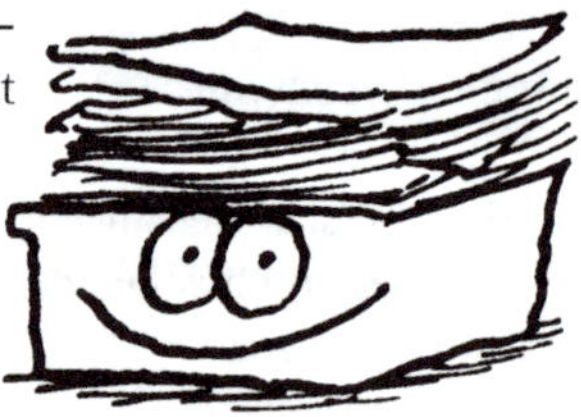

Oder ist es eine größere Aufgabe, für die ich einen Erledigungstermin bestimmen sollte? Dann tragen Sie jetzt sofort in Ihren Terminkalender einen Erledigungstermin ein und legen das Dokument entweder in die Wiedervorlage oder direkt in die Ablage.

5. **Oder ist es etwas, das ich lesen muss?** Dann legen Sie es in Ihr Lektürefach (Bücher, Fachzeitschriften etc.) oder gleich in Ihre mobile Lektüremappe (wenn es ein kürzerer Text ist, etwa eine Kopie oder ein Zeitungsausschnitt).

Tipp

- Betrachten Sie die vier Ablagekörbe als eine Art Einbahnstraße, die vom Eingang zum Ausgang führt. Grundregel: Wird ein Dokument aus einem Korb herausgenommen, kehrt es nicht mehr dorthin zurück!

Ergänzen und optimieren Sie Ihre Kommandozentrale

Überlegen Sie, ob noch etwas fehlt, und, wenn ja, optimieren Sie Ihre Kommandozentrale direkt!

- Haben Sie ein funktionierendes System, in dem Sie Notizen und Ideen festhalten können? Beispielsweise ein Super-Buch, einen Karteikasten, eine spezielle Abteilung im Zeitplanbuch oder eine Datei im Organizer?
- Ist Ihr Adresssystem optimal eingerichtet – sowohl für den Schreibtisch als auch für unterwegs?
- Ist Ihr Aufgabenmanagement auf Ihre persönlichen Bedürfnisse zugeschnitten? Wenn Sie komplexe Aufgaben und Termine zu organisieren haben und – vor allem – wenn Sie Ihr Aufgabenmanagement vernetzen wollen, bietet sich das Arbeiten mit Microsoft Outlook an.

1.4 Ablagesystem: Praxisorientiert planen, optimal einrichten

Für besten Zugriff

Es geht jetzt darum, auf Ihre Unterlagen zukünftig optimalen Zugriff zu haben. Dafür erstellen Sie zunächst auf Papier einen Ablageplan. Sie können beim Erstellen Ihres Ablageplans je nach Vorliebe mit MindMaps oder mit Listen arbeiten. Folgende Voraussetzungen sollte Ihr Ablageplan bzw. Ihr Ablagesystem erfüllen:

Selbsterklärende Beschriftung: Zugriff und Ablage müssen direkt über Suchbegriffe auf den Schriftgutbehältern möglich sein. Ihr Ablagesystem sollte so verständlich sein, dass auch Ihre neuen Mitarbeiter oder Ihre Urlaubsvertretung sofort etwas damit anfangen können.

Keine Überschneidungen: Die in Ihrem Ablagesystem enthaltenen Suchbegriffe müssen eindeutig voneinander abgegrenzt sein. Benutzen Sie nicht unterschiedliche Begriffe für Ihren Schriftverkehr wie „Korrespondenz", „Briefe" oder „Schriftwechsel", sondern entscheiden Sie sich für einen einzigen Begriff.

Nutzungsorientiert: Ihr Ablageplan muss eine sinnvolle Strukturierung von Unterlagen ermöglichen. Alle Unterlagen zu einem bestimmten Thema müssen über den Ablageplan zusammengeführt werden, sodass Sie sie bei Bedarf nicht aus verschiedenen Ordnern oder anderen Behältern zusammensuchen müssen.

Visuelle Ordnungshilfe: Mithilfe des Ablageplans soll die Reihenfolge der Schriftgutbehälter, also Ordner und Mappen im Aktenschrank, auch visuell fixiert werden, damit der Ordner immer wieder dahin zurück kommt, wo er hingehört.

Erweiterungsfähig: Außerdem muss Ihr Ablagesystem jederzeit erweiterungsfähig sein, etwa wenn neue Aufgabengebiete hinzukommen.

Aufbewahrungsarten festlegen

Wie sollen die entsprechenden Unterlagen abgelegt werden? Gelocht in Ordnern? Lose in Hängemappen oder in Einstellmappen? Oder in Stehsammlern? Hier eine Übersicht über Vor- und Nachteile der verschiedenen Techniken:

Ordner haben gravierende Nachteile: Sie sind schwer, sperrig und zeitaufwändig im Handling. Die großen Vorteile: Sie ermöglichen Dauerhaftigkeit und Vollständigkeit, die große Sammlung, das sichere Ablegen in eindeutiger Reihenfolge. Die Aufbewahrung in Ordnern lohnt sich, wenn

- das Schriftgutaufkommen für eine bestimmte Periode ungefähr abgeschätzt werden kann,
- es eindeutige Ordnungskriterien wie laufende Nummern, Daten oder das Alphabet gibt,
- das Schriftgut vollständig, sicher und geordnet quasi als „Handbuch“ zur Verfügung stehen soll.

Mit **Hängemappen** arbeiten Sie wahrscheinlich bereits, und Sie kennen die Vorteile, die dieses Aufbewahrungssystem zusätzlich zur Schnelligkeit gegenüber Ordnern hat:

- Die Sichtreiter auf den Hängemappen können Sie entsprechend der Gliederung übersichtlich staffeln, sodass Sie auf einen Blick auch in die „Eingeweide" der Vorgänge sehen können.

- Schließlich hindert Sie nichts daran, innerhalb einer Hängemappe Sichthüllen zur Gliederung zu benutzen oder teilweise auch zu heften.

Einstellmappen sind eine Sonderform der Loseblattablage: eine **Dünnaktenablage**, die alle Vorteile der Hängemappen mitbringt und einige weitere dazu.

- Platz sparend: Die Mappen selbst haben nicht mehr „Körper" als ein Aktendeckel oder eine Sichthülle, da es keine Hängevorrichtung gibt.
- Mobil: Sie nehmen einfach die ganze Mappe, mit auf die Reise oder in die Besprechung.
- Schnell: In einer halben Minute haben Sie eine neue Mappe angelegt. Sie ziehen eine Mappe und einen Etikettenbogen aus Ihrer Schreibtischablage, beschriften ein Selbstklebeetikett, kleben es auf die Mappe, stecken den Etikettenbogen zurück in die Ablage – fertig.
- Differenziert: Die Ablage erlaubt es Ihnen, Ihre Unterlagen sehr fein zu strukturieren.
- Einfach auszulagern: Die kleinen, in sich geschlossenen Vorgänge machen das Aussortieren einfach. Der Vorgang kommt dann komplett mit Mappe und Reiter ins Archiv.

Solch eine Dünnaktenablage ist also hervorragend geeignet für alle Bereiche, bei denen es um das feine Untergliedern von Zusammenhängen, das einfache Zugreifen und vor allem auch das schnelle Ablegen geht.

Auch **Stehsammler** gehören zu den Loseblatt-Techniken. Bestens geeignet sind sie für die Aufbewahrung von Prospekten, Katalogen, Telefonbüchern etc. In den oberen Regalreihen Ihrer Schränke leisten sie für Sammelsurien jeder Art ausgezeichnete Dienste.

Tipps

Hängeregister und Einstellmappen

- Bilden Sie kleine Einheiten. Pro Mappe sollten Sie nicht mehr als maximal 40 bis 50 Blatt ablegen.
- Legen Sie Ihre Dokumente „mit System“ ein, damit Sie beim Durchblättern nicht ständig den Kopf oder die Papiere drehen müssen.
- Nutzen Sie bei Einstellmappen am besten die transparenten. Der Vorteil: Sie sehen schon von außen, was drin ist.

Ordner

- Füllen Sie Ihre Ordner grundsätzlich nicht mehr als zu 80 %. Das erleichtert Ihnen das Handling und schont die Mechanik.
- Bewahren Sie nicht mehr als 100 Blatt innerhalb eines Bereichs auf. Zur Orientierung: Ein normaler Ordner (80 mm Rückenbreite) fasst zirka 500 Blatt, die schmalere Version (50 mm) etwa 300 Blatt.

Stehsammler

- Verwenden Sie keine Stehsammler aus Pappe. Sie verlieren mit der Zeit die Fasson und neigen zum Umfallen, wenn sie nicht dicht an dicht stehen.
- Stellen Sie Schriftgut prinzipiell so in den Sammler ein, dass der Falz zur offenen Seite zeigt. Auf diese Weise blättern Sie nicht nur schneller, Sie haben vor allem auch einen einfacheren Blick auf die Titelseiten.
- Legen Sie einen Verfallszeitraum fest oder besser noch das Maximum archivierter Exemplare. Nach jedem Neueingang werfen Sie die älteste Ausgabe weg.

1.5 Wiedervorlage: Unterlagen optimal organisieren

Brauchen Sie eine Wiedervorlage?

Bei Wiedervorlagen sind die Meinungen geteilt: Die einen schwören darauf, die anderen beschimpfen sie als Dokumentengräber. Es kommt auf Ihren Arbeitsstil und Ihre Aufgaben an, ob eine Wiedervorlage sinnvoll für Sie ist. Richten Sie sich nur dann eine ein, wenn ...

... Sie generell sehr viele Aufgaben terminieren müssen,

... Sie zur Zettelwirtschaft neigen und daher Notizen über später fällige Aufgaben oder Telefonanrufe gerne auf losen Zetteln, Post-its oder einer Papier-Schreibunterlage festhalten,

... kein anderes Planungssystem (To-do-Liste, Zeitplansystem oder ein ähnliches System) die Funktion der Wiedervorlage mit übernehmen kann.

So arbeiten Sie mit Ihrer Wiedervorlage

Stellen Sie sich vor, dass heute Freitag ist, der 7. März:

- Sie rufen Herrn Müller an wegen einer Information, doch der ist im Urlaub bis zum 16. März. Die Sache kann warten, also legen Sie die Notiz Tel. Müller wegen XY unter „17“ in Ihrer Tageseinteilung ab.

- Die Einladung zu einer Präsentation am 25. April kommt ins Fach „April" – nachdem Sie sich den Termin im Kalender notiert haben!
- Für eine delegierte Aufgabe, zu der Sie bis zum 12. März Rückmeldung erwarten, kommt eine Notiz in Fach „12" der Tageseinteilung.

Die nötigen Arbeitsmittel

Entscheiden Sie, welche Lösung für Sie die beste ist:

Die kleine Lösung: Der Pultordner liegt bei Ihnen auf dem Tisch oder in Griffweite daneben. Sie brauchen zwei davon: einen mit der Einteilung 1 bis 31 (für die Tage) und einen von 1 bis 12 (für die Monate).

Für eine sehr umfangreiche Wiedervorlage eignen sich Hängemappen, die Sie in Ihre Schreibtischregistratur einhängen. Sie benötigen 31 Mappen für die Tage und 12 für die Monate. Die Tagesmappen bilden den ersten Block: Ganz vorn hängt die aktuelle Tagesmappe (die dann am nächsten Tag ans Ende der Tagesmappen wandert), dahinter folgen chronologisch die anderen Tage. Den zweiten Block bilden die Monatsmappen: die des Folgemonats an erster Stelle, dahinter chronologisch die anderen.

Sie können auch mit Einstellmappen arbeiten: gleiches Prinzip aber platzsparender.

2. Selbstmanagement

2.1 Gewohnheiten ändern

Vorhaben endlich erfolgreich in die Tat umsetzen!

Würden Sie auch gerne die eine oder andere Ihrer Gewohnheiten ändern? Sei es, das Rauchen aufzugeben, endlich pünktlicher zu werden oder die elende Aufschieberitis zu überwinden? Leider haben Sie es bisher nicht so recht geschafft? Wir zeigen Ihnen, wie Sie in vier Schritten von alten Gewohnheiten ablassen.

Schritt 1: Würdigen Sie Ihre schlechten Angewohnheiten – und schauen Sie nach vorn

Stellen Sie sich zunächst darauf ein, sich konstruktiv mit Ihren schlechten Angewohnheiten zu befassen, anstatt sie nur blind zu bekämpfen. Sehen Sie Ihre schlechten Angewohnheiten ab sofort als Chance, mehr über sich selbst zu erfahren. Würdigen Sie und verzeihen Sie sich also Ihre schlechten Angewohnheiten. Schauen Sie dann nach vorn: auf das Entwicklungspotenzial – darauf, wie es sein wird, wenn Sie sich von einer schlechten Angewohnheit lösen können. So entstehen Lust auf Veränderung und die Motivation, die erforderliche Energie dafür aufzubringen.

Schritt 2: Stellen Sie fest, was Sie ändern wollen

Notieren Sie sich alle Angewohnheiten, die Sie an sich nicht mögen – die Sie also als Ihre „schlechten Angewohnheiten“ bezeichnen würden. Aber seien Sie dabei nicht übermäßig kritisch: Notieren Sie nur das, was Ihnen spontan dazu einfällt.

Legen Sie nun ein Ranking fest (von 1 bis 3): Überlegen Sie sich, welche der notierten Angewohnheiten Sie als besonders hinderlich im Alltag empfinden (= 1), welche ziemlich hinderlich ist (= 2) und welche kaum stört (=3). In dieser Reihenfolge gehen Sie Ihre Angewohnheiten dann auch an: Beginnen Sie mit Nummer 1.

Tipp

- Wichtig: Gönnen Sie sich ein paar „Schrullen"!
  Entscheidend ist zu erkennen, welche dieser Angewohnheiten uns wirklich behindern, um dann an diesen zu arbeiten. Zumeist reicht es also vollkommen aus, wenn Sie nach und nach die ersten drei Angewohnheiten auf Ihrer Liste anpacken. Die anderen können Sie selbstbewusst als „Schrullen" abbuchen.

Schritt 3: Verstehen Sie Ihre schlechten Angewohnheiten

Nehmen Sie sich nun eine dieser Angewohnheiten vor und analysieren Sie sie mithilfe folgender Fragen:

1. Welches ist die Angewohnheit und wie oft tun Sie es?
2. Welche Nachteile entstehen Ihnen durch dieses Verhalten?
3. Wann ist diese Angewohnheit entstanden?
4. Was waren die Gründe dafür, dass Sie damit begonnen haben.
5. Was ermöglicht Ihnen diese Angewohnheit, bzw. was bringt sie Ihnen an Vorteilen?

Schritt 4: Hebeln Sie Ihre schlechten Angewohnheiten aus

Wenn Sie erkannt haben, welchen Vorteil Sie von einer schlechten Angewohnheit haben, halten Sie den Schlüssel in der Hand, um sie loszuwerden. Sammeln Sie von jetzt an Ihre guten Ideen dafür, diese Angewohnheit loszuwerden. Sammeln Sie dann Ideen dafür, wie Sie diesen Vorteil auf eine andere Weise erreichen können. Prüfen Sie diese Ideen anschließend auf ihre Praxistauglichkeit: Lassen sie sich wirklich umsetzen? Die beste(n) Idee(n) soll(en) nun als neue Gewohnheit(en) ganz konkret Ihre alte Angewohnheit ersetzen.

Natürlich ist dieses Beispiel vereinfacht dargestellt. Es macht aber anschaulich, wie unsere schlechten Angewohnheiten gleichsam zu Verbündeten werden können, die uns dabei helfen, uns auf eine Weise zu verändern, die uns gut tut. Also nicht einfach etwas „weghaben" zu wollen, sondern sich so zu entwickeln, dass wir die schlechte Angewohnheit einfach nicht mehr nötig haben.

2.2 Fünf Anti-Stress-Tipps

Anti-Stress-Tipp 1: Verzichten Sie bewusst auf Multitasking

„Multitasking" bedeutet das gleichzeitige Erledigen mehrerer Aufgaben. Das Konzept wurde in den vergangenen Jahren von selbst ernannten Zeitmanagement-Gurus aus dem Hut gezogen als die endgültige Lösung für Zeitprobleme jeder Art – im Sinne von: „Rufen Sie Ihre E-Mails ab, wenn Sie längere Telefonate führen!" Effektiver ist allerdings der entgegengesetzte Weg: die bewusste Konzentration auf die eine Sache, mit der Sie sich gerade beschäftigen. Je größer Ihre Konzentration, umso geringer der Aufwand.

Anti-Stress-Tipp 2: Schaffen Sie sich einen Gegenpol

Ein Gegenpol kann natürlich Ihre Familie sein, aber daneben gibt es noch Ihr persönliches Leben mit Ihren ureigenen Interessen und

Bedürfnissen. Wenn Sie sich dafür nicht genügend Ruhe und Zeit nehmen, können Sie auf Dauer weder den familiären noch den beruflichen Anforderungen zufrieden stellend gerecht werden.

Anti-Stress-Tipp 3: Hören Sie mit beiden Ohren zu

Für Gespräche gilt das Gleiche wie für Tätigkeiten: Seien Sie zu 100 % anwesend. Hören Sie mit beiden Ohren zu. Das ist nicht nur eine Grundbedingung für wirkliche Kommunikation, es macht den Austausch auch effektiver. Wenn Sie das Gefühl haben, nur „mit einem Ohr" zuhören zu können, verschieben Sie das Gespräch lieber auf einen späteren Zeitpunkt.

Anti-Stress-Tipp 4: Nehmen Sie sich bewusst Auszeiten

Aufgaben werden in den Tag gepresst wie Sardinen in die Dose. Und „Inaktivität" macht zunehmend nervös – sie steht automatisch für nutzlose, vergeudete Zeit. Nun gibt es nicht nur gesundheitliche Argumente für regelmäßige Pausen, auch die Arbeitseffektivität profitiert davon. Deshalb: Wenn Sie eine Aufgabe beendet haben, gönnen Sie sich eine kurze Auszeit. Geben Sie sich einige Minuten Zeit, um den Kopf frei zu bekommen für die nächste Aufgabe.

Anti-Stress-Tipp 5: Folgen Sie Siddhartas Rat

Hermann Hesse erzählt, wie Siddharta im Auftrag eines reichen Kaufmanns in eine weit entfernte Stadt reist, um einen wichtigen

Handel abzuschließen. Das Geschäft kommt nicht zu Stande. Dennoch kehrt Siddharta nicht sofort zurück. Da wird sein Auftraggeber unwillig – er hasst Zeitverschwendung.

Siddharta aber erklärt ihm: Da er schon einmal die weite Reise gemacht habe, wäre es doch schade, nicht die Gelegenheit für andere sinnvolle Dinge zu nutzen. Er habe zwar kein Geschäft abgeschlossen, aber schöne Gespräche geführt und neue Freunde gewonnen.

Und natürlich: Neue Freunde können auch zukünftige Geschäftspartner werden. Denken Sie doch bisweilen an Siddharta, und Ihre Schritte werden sofort leichter werden. Und nur mit Leichtigkeit können Sie dem Stress ein Schnippchen schlagen.

2.3 Umgang mit Kritik

Kritik gehört zum Leben

Was von außen kommt, können Sie nicht kontrollieren. Aber sehr wohl Ihre eigene Reaktion auf Kritik. Es liegt in Ihrer Hand, ob Sie eine kritische Bemerkung als eine „Ab- und Be-Urteilung" Ihres Lebens und Selbst bewerten oder ob Sie die Kritik inhaltlich prüfen und einordnen – gerechtfertigte Kritik als nützliches Feedback, ungerechtfertigte Kritik als eine Äußerung, die vor allem etwas über den Kritisierenden aussagt.

Kritik nicht persönlich nehmen

Gewinnen Sie Abstand. Rufen Sie sich sofort ins Bewusstsein: Es handelt sich um eine Momentaufnahme Ihres Tuns, Denkens, Verhaltens, das gerade durch die individuelle Brille des Kritikers beurteilt wird. Es geht niemals um Ihre Person – selbst bei Kritik, die scheinbar Ihre ganze Person umfasst.

Nicht die Balance verlieren

Achten Sie auf Ihre Atmung. Bewahren Sie Körperhaltung. Machen Sie sich Ihre Gefühle bewusst. Rufen Sie sich in Erinnerung, was Sie getan haben, bevor die Kritik Sie traf; knüpfen Sie rasch an Ihre Kompetenzen an. Dann können Sie Ihr inneres Gleichgewicht leichter wiederherstellen .

Kritik nicht vorbehaltlos annehmen

Überprüfen Sie, welcher Anteil der Kritik wirklich für Sie und Ihre Arbeit relevant ist. Hüten Sie sich davor, der Kritikbotschaft zu viel Gewicht beizumessen oder sie gar automatisch als unumstößliche Wahrheit zu sehen – die Kritik offenbart einzig und allein die Sichtweise des Kritikers. Sie spiegelt dessen Wirklichkeit wider, nicht unbedingt die Ihre!

2.4 Sanfte Süchte bekämpfen

Ganz schön nervig: Sanfte Süchte

„Sanfte Süchte“ sind Tätigkeiten wie Essen, Einkaufen, Fernsehen oder das Spielen am Computer. Zu einer sanften Sucht werden sie, wenn Sie sie systematisch pflegen, etwa um sich nach harten Arbeitstagen „etwas Gutes zu tun“ – bis sie in Ihrem Leben unmerklich dominant geworden sind und Beschäftigungsalternativen keine Chance mehr haben. Sanfte Süchte erscheinen harmlos, aber sie stehlen Zeit, Geld und Energie, betäuben Emotionen, stören soziale Kontakte und rauben einfach Lebensfreude.

Treffen Sie eine bewusste Entscheidung

Formulieren Sie dabei positiv. Entscheiden Sie sich nicht gegen Ihre Süchte, sondern für ein bewussteres, intensiveres Leben. Schreiben Sie es auf: „Ab heute will ich mich nicht mehr zufrieden geben mit den oberflächlichen, schnell vergänglichen Gelüsten. Ich will nicht nur Leben light, ich will das volle Leben!“

Finden Sie Ihren Hunger und lösen Sie das Puzzle

Jede Sucht, auch wenn sie noch so klein ist, enthält eine Suche. Und zwar nach einer entscheidenden spirituellen Zutat Ihres Lebens. Wonach hungern Sie? Führen Sie sich Ihre Sucht bildhaft vor Augen, und testen Sie, welcher der genannten Lebenswünsche am ehesten zu ihr passen könnte: Geliebt werden. Lieben. Lernen. Wachsen. Vertrauen. Einen anderen Menschen haben. Glücklich sein. Mit sich selbst eins sein. Bekannt sein. Anders sein.

Zu jeder Sucht gibt es ein passendes Ergänzungsstück, das aus der kräftezehrenden Obsession eine Energie spendende Bereicherung Ihres Lebens machen kann. Sie finden es, indem Sie ausprobieren, mit welchen anderen Tätigkeiten Sie den geistigen und geistlichen Hunger stillen können, der hinter der sanften Sucht steckt.

3. Die besten Arbeitsmethoden

3.1 Die 2-Listen-Technik

Mit der 2-Listen-Technik zum Leertischler

Gehören Sie auch zu denjenigen, die Unterlagen auf ihrem Schreibtisch stapeln, um sie nicht aus dem Blick zu verlieren? Mit der 2-Listen-Technik räumen Sie Ihren Schreibtisch schnell und dauerhaft frei. Ihre Vorteile: Sie vergessen nichts mehr. Übersehen nichts mehr. Müssen nichts mehr suchen. Sparen Zeit und Energie. Und das alles mit einem Minimum an organisatorischem Aufwand. Grundlage für die 2-Listen-Technik sind eine General-Liste und aktuelle Aufgaben-Listen (eine pro Tag), die Sie in Ihrem Tagesplaner effizient führen.

Die General-Liste

Die General-Liste ist der zentrale Ort, wo Sie systematisch alle anstehenden Aufgaben notieren – große Projekte ebenso wie das Telefonat mit einem Kunden oder die E-Mail an einen Mitarbeiter. Damit Sie sie effizient einsetzen können, sollte sie immer auf Ihrem Schreibtisch liegen.

Sie brauchen dafür nichts weiter als ein paar DIN-A4-Blätter oder ein gebundenes Blanko-Buch. Schreiben Sie die zu erledigenden Arbeiten fortlaufend untereinander. In die erste Spalte kommt das Tagesdatum, daneben notieren Sie, was zu tun ist, und in die letzte Spalte gehören Informationen, die Sie zur Erledigung der Aufgabe benötigen, wie z. B. ein Ablagevermerk, eine Telefonnummer, bis wann etwas erledigt sein muss, an wen eine Tätigkeit delegiert wurde.

Wenn Sie eine Aufgabe erledigt haben, streichen Sie sie durch. Komplett abgearbeitete Seiten werden diagonal durchgestrichen.

Die täglichen Aufgaben-Listen

Ihre tägliche Aufgaben-Liste hat zwei Funktionen:

1. Sie dient Ihnen als Wiedervorlage: Termine und terminierte Aufgaben tragen Sie hier gleich unter dem entsprechenden Datum ein.

2. Sie hilft Ihnen dabei, Ihren Arbeitstag zu strukturieren und sinnvoll zu planen. Das kostet Sie täglich nicht mehr als fünf Minuten.

So kombinieren Sie Ihre Aufgaben-Listen mit der General-Liste

- In Ihrer persönlichen General-Liste halten Sie die Aufgabe und die damit verbundenen Informationen in dem Moment, in dem sie bei Ihnen auf den Tisch kommen, fest, etwa eine Reise nach Hamburg mit den entsprechenden Terminen.
- Die Feinarbeit – die Abstimmung von Terminen und die eigentlichen Reisevorbereitungen – erledigen Sie in den Tagen darauf anhand der Aufgaben-Listen.
- Da Sie konkrete Aufgaben festgehalten haben, werden Sie nichts mehr vergessen. Beispielsweise wird es nicht geschehen, dass Sie am Vorabend der Reise feststellen müssen, dass Ihre Flugbuchung nicht vorliegt.

So planen Sie Ihren Arbeitstag

Nehmen Sie sich am Ende jedes Arbeitstags Ihre General-Liste vor, und übertragen Sie die Tätigkeiten, die Sie am folgenden Tag erledigen wollen, in die entsprechende Aufgaben-

Liste. Was einmal in der Aufgaben-Liste steht, können Sie in der General-Liste einfach streichen.

Setzen Sie dabei Prioritäten. Erledigte Aufgaben streichen Sie durch. Unerledigtes übertragen Sie abends auf den nächsten Tag. Aber Achtung: Versuchen Sie, das Übertragen von Aufgaben auf den nächsten Tag zur Ausnahme zu machen!

Tipps

- Bündeln Sie geeignete Aufgaben – zu einem Telefonblock, einem E-Mail-Block etc. Diese Blöcke arbeiten Sie dann auf einmal ab. So wählen Sie beispielsweise, wenn eine Telefonnummer besetzt ist, einfach die nächste auf der Liste. Oder Sie fassen vier anstehende Briefe zu einem Korrespondenzblock zusammen.
- Trennen Sie in Ihren Aufgaben-Listen Ihre Termine optisch von Ihren Aufgaben. Notieren Sie beispielsweise die Termine immer oben auf der Seite, die Aufgaben unten. Sortieren Sie die Aufgaben nach Telefonaten, E-Mails, Briefen etc.
- Benutzen Sie einen Bleistift, wenn Sie Termine in Ihre Tages-Listen eintragen. Die Hälfte aller Termine verändert sich noch einmal!

3.2 Das GSP-Prinzip

Umgehen Sie die Perfektionismus-Falle

Gehören Sie zu den Menschen, die ihre Aufgaben perfekt erledigen möchten? Dann sind Sie in die Perfektionismus-Falle getappt. Falle, weil Perfektionismus bremst, unzufrieden macht und Sie Zeit kostet. Das GSP(Gut-statt-perfekt)-Prinzip lautet: Lösen Sie sich von Ihrem Anspruch auf die perfekte Erledigung Ihrer Arbeit, und begnügen Sie sich damit, etwas gut gemacht zu haben. Die unmittelbaren Vorteile: Sie erledigen Ihre Aufgaben schneller, Sie sind zufriedener mit sich, und Sie haben mehr Zeit zur Verfügung, die Sie in andere Aufgaben lohnender investieren können. Denn ab einem bestimmten Punkt stehen weder Kosten noch Zeitaufwand in einem vernünftigen Verhältnis zum möglicherweise perfekten Ergebnis.

Falle 1: Sie sind überpünktlich

Eine Viertelstunde früher als verabredet zu einem Termin zu erscheinen und nicht zu wissen, wie Sie sich bis zu dem Treffen sinnvoll beschäftigen sollen, ist reine Zeitverschwendung. Gehen Sie Ihre Termine entspannter an. Zwingen Sie sich dazu, pünktlich zu sein – das wird zu Recht von Ihnen erwartet. Vermeiden Sie jedoch Überpünktlichkeit: Niemand dankt sie Ihnen – nicht einmal Sie selbst!

Falle 2: Sie halten zu viel Ordnung

Wenn Sie sich beispielsweise lange, häufig und gern mit dem Aufräumen Ihres Schreibtisches beschäftigen, überlegen Sie, ob das wirklich so ausgedehnt nötig ist. Schränken Sie die Tätigkeit ein, und legen Sie eine bestimmte Zeit dafür fest, etwa zehn Minuten täglich. Halten Sie sich unbedingt daran!

Falle 3: Sie sind übertrieben pflichtbewusst

Sie glauben, alles müsse 100%ig erledigt werden – am besten von Ihnen selbst? Dafür nehmen Sie auch in Kauf, länger zu arbeiten?

Denken Sie um! Lassen Sie ruhig mal die sprichwörtlichen Fünfe gerade sein. Delegieren Sie außerdem guten Gewissens, und verlassen Sie sich auf Ihre Mitarbeiter, denn die sind ebenfalls qualifiziert.

Falle 4: Sie träumen von Fehlerfreiheit

Wo viel gearbeitet wird, entstehen auch Fehler. Akzeptieren Sie dies, statt zwanghaft zu versuchen, Ihre Arbeit fehlerfrei zu erledigen. Trainieren Sie den Grundsatz erfolgreicher Menschen:

Fehler kann man machen, aber man darf sie nicht wiederholen – aus Fehlern kann man lernen.

Falle 5: Sie bringen mehr Leistung als erforderlich

Erbringen Sie nur wirklich geforderte Leistungen. Fühlen Sie sich nicht für Aufgaben zuständig, für die Sie nicht in der Pflicht stehen. Verlassen Sie sich auf das funktionierende Team, und nutzen Sie Ihre Zeit sinnvoll für eigene Projekte.

3.3 Die ALPEN-Methode

Effektiv planen mit der ALPEN-Methode

Die ALPEN-Methode ist ein effektives Planungsinstrument, das sich für Ihr tägliches Aufgabenmanagement sowohl am Computer als auch im Zeitplanbuch bestens eignet.

Aufgaben zusammenstellen

Notieren Sie abends alle Aufgaben, die Sie am nächsten Tag erledigen möchten: Unerledigtes von heute, neu hinzukommende Tagesarbeiten, Termine, die wahrzunehmen sind, periodisch wiederkehrende Aufgaben.

Gewöhnen Sie sich an, die Aufgabensammlung von vornherein so aufzustellen, dass die Aufgaben in einer vorläufigen Rangfolge stehen, zwischen arbeitsintensiven Aufgaben und Kurzarbeiten unterschieden ist und gleichartige Aufgaben gebündelt sind.

Länge der Tätigkeiten schätzen

Notieren Sie nun hinter jeder Tätigkeit den Zeitbedarf, den Sie veranschlagen müssen. Dann addieren Sie die Zeitvorgaben:

- Sie arbeiten erheblich konzentrierter und unterbinden Störungen konsequenter, wenn Sie sich eine konkrete Bearbeitungszeit vorgegeben haben.
- Bei ungeliebten, aufschubgefährdeten Aufgaben nehmen Sie im Nachdenken über die Bearbeitungszeit schon die erste Hürde: Sie sehen sich bereits bei der Erledigung. Der zweite Schritt, die Erledigung selbst, fällt Ihnen dadurch viel leichter.

Pufferzeiten für Unvorhergesehenes reservieren

Befolgen Sie die 60:40-Regel: Verplanen Sie nicht mehr als 60 % Ihrer Zeit, so dass 40 % als Pufferzeit für unerwartete oder nach dem Sofort-Prinzip zu erledigende Aufgaben reserviert bleiben.

Haben Sie mehr als 60 % Ihrer Arbeitszeit verplant, müssen Sie den Aufgabenkatalog rigoros zusammenstreichen, indem Sie Aufgaben reduzieren, falls möglich an andere delegieren oder die Aufgabenstellung ändern (z. B. einen Besuch durch ein Telefonat ersetzen). Der Rest muss geschoben oder in Überstunden abgearbeitet werden.

Entscheiden: Prioritäten, Kürzungen und Delegation

Jetzt soll der Zeitbedarf der Tagesaufgaben auf sechs Stunden reduziert werden:

1. Setzen Sie eindeutige Prioritäten und bringen Sie Ihre Tagesaufgaben in eine Rangordnung.
2. Überprüfen Sie den veranschlagten Zeitbedarf, und kürzen Sie die Zeiten aller Vorgänge auf das Notwendige. Bleiben Sie dabei aber realistisch.
3. Loten Sie jede Aufgabe nach Delegations- oder Rationalisierungsmöglichkeiten aus.

Nachkontrolle: Unerledigtes übertragen

Erfahrungsgemäß schaffen Sie Ihr angestrebtes Tagespensum nicht immer. Der Überhang muss auf einen anderen Tag übertragen werden. Wenn Sie eine Aufgabe mehrfach übertragen haben, wird sie Ihnen lästig – und dann gibt es zwei Möglichkeiten: Sie werden diese Aufgabe delegieren oder endlich selbst in Angriff nehmen, womit sie erledigt ist. Sie werden sie streichen, weil sie sich von selbst erledigt hat.

4. Zeitmanagement

4.1 Die wichtigsten Orientierungspunkte

Wie Sie Ihre Zeit stets optimal organisieren

Effektives Zeitmanagement steht und fällt mit Ihrer Selbst-Organisation. Ob Sie z. B. ewig nach einem verlegten Dokument suchen oder ein Ziel nur halbherzig verfolgen: Sie verschwenden Zeit. Auf den folgenden Seiten gehen wir auf drei typische Zeitfresser ein. Doch lesen Sie zuerst, an welchen Punkten sich Ihr effektives Zeitmanagement prinzipiell orientieren sollte.

Arbeiten Sie so weit wie möglich selbstbestimmt

Planen Sie Ihre Aufgaben, und erledigen Sie nicht alles auf den letzten Drücker. Denn auch selbst erzeugten Termindruck werden Sie in der Summe als fremdbestimmtes Arbeiten erleben.

Sagen Sie NEIN, wenn es die Situation erfordert oder zulässt. Nehmen Sie keine neuen Herausforderungen an, ohne an anderer Stelle etwas abzugeben.

Und: Nehmen Sie nur an solchen Besprechungen teil, die für Sie wirklich wichtig sind bzw. bei denen Sie gebraucht werden.

Halten Sie Ordnung in Ihrem Arbeitsbereich

Als „Volltischler" büßen Sie bis zu 90 Minuten täglich mit dem Suchen und Umschichten von Papier ein! Die Gefahr besteht darin, dass ein Großteil dieser Zeit völlig unbemerkt vertan wird, da es im Einzelfall immer nur wenige Sekunden oder höchstens mal ein, zwei

Minuten sind. Erst in der Addition zeigt sich das ganze Ausmaß der Zeitverschwendung. Abhilfe: Richten Sie für Ihre Arbeitsunterlagen ein funktionelles und auf Sie persönlich abgestimmtes Ablagesystem ein. Sorgen Sie dafür, genügend Handwerkszeug in Griffweite Ihres Arbeitsplatzes zu haben.

Nehmen Sie sich konsequent „Auszeiten"

Glauben Sie, dass Sie durch den Verzicht auf Pausen Zeit gewinnen? Fürchten Sie, durch Pausen aus dem Tritt zu geraten, so dass Sie mehr Zeit investieren müssen, um wieder richtig in Schwung zu kommen? Das Gegenteil ist der Fall: Kurze Arbeitspausen bringen erstaunliche Leistungsverbesserungen.

Setzen Sie sich nur Ziele, an denen Ihnen wirklich liegt

Sich persönliche, private und berufliche Ziele zu setzen ist etwas Wichtiges. Beachten Sie dabei jedoch: Sie werden ein Ziel immer nur dann erreichen, wenn Sie die entsprechende Motivation mitbringen. Machen Sie sich hierbei nichts vor. Nicht eingehaltene Absichtserklärungen demotivieren Sie auf Dauer nur!

Sorgen Sie für „Don't disturb"-Zeiten

Es gibt Arbeiten, die die volle Konzentration erfordern, um zu einem erfolgreichen Ende gebracht zu werden. Kann die Arbeit aber wegen zu regelnder organisatorischer Details oder auf Grund von

Störungen nicht in Ruhe fortgesetzt werden, geht durch den ständigen Wiedereinstieg in die Arbeit wertvolle Zeit verloren. Jede Störung kann den Arbeitsrhythmus empfindlich beeinträchtigen. Sorgen Sie dafür, dass Sie nicht durch Telefonate, Kollegen oder Kunden gestört werden.

4.2 Fehlende Planung

Behalten Sie souverän die Kontrolle über Ihre Aktivitäten

Passiert es Ihnen öfter, dass Sie sich im Tagesgeschäft verzetteln und den Blick für das große Ganze verlieren? Oder dass Sie Ihre Termine nicht im Griff haben? Oder dass Sie eine bestimmte wichtige Aufgabe einfach nicht zu Ende bringen, weil ständig etwas dazwischenkommt? All das sind Beispiele fehlender Planung. Das geht auch anders! Denn: Richtig zu planen bedeutet ein Mehr an Effektivität, Erfolg und Gelassenheit.

Planen Sie immer schriftlich

Machen Sie es sich zur Regel, Ihre Aufgaben (sofern Sie sie nicht sofort erledigen können), Ihre Termine sowie Ihre Notizen und Ideen immer schriftlich festzuhalten. Ganz gleich, ob Sie Ihre Informationen auf Papier, in einem elektronischen Organizer oder auf dem PC festhalten: Ihr System muss

1. immer bereitstehen bzw. dabei sein und
2. immer auf dem aktuellen Stand sein, damit Sie das Schriftlichkeits-Prinzip umsetzen können.

Planen Sie in überschaubaren Einheiten

Was für Sie als „überschaubare Einheit" gilt, kommt natürlich auf die Zahl, Art und Planbarkeit Ihrer Aufgaben und Termine an. Wenn Sie beispielsweise extrem viele Termine haben und Ihre Aufgaben sich zumeist kurzfristig ergeben, müssen Sie wahrscheinlich kurzfristig planen: am Vorabend für den nächsten Tag.

Ansonsten ist von einer Tagesplanung eher abzuraten. Grund: Mit der Tagesperspektive haben Sie nur das im Blick, was unmittelbar vor Ihnen liegt – das, was nahe und dringend ist. Das macht Ihnen das Verfolgen von langfristigen Zielen und Prioritäten sehr schwer und verstärkt die Tendenz zur Hektik im Büroalltag. In den allermeisten Fällen ist die Wochenplanung die beste Planungsperspektive.

Geben Sie sich konkrete Bearbeitungszeiträume vor

Tragen Sie in Ihren Planer immer Zeitblöcke ein, die Sie für eine Aufgabe bzw. einen Termin reservieren. Das hat folgende Vorteile:

- Sie bekommen einen besseren Eindruck von der tatsächlich verplanten Zeit. Ihre Planung wird dadurch realistischer, das Neinsagen fällt Ihnen leichter, und Sie ersparen sich das demotivierende Übertragen von nicht erledigten Aufgaben.
- Sie gewöhnen sich auf diese Weise an, bei allen Besprechungsterminen Anfang und Ende festzulegen – und sich auch daran zu halten.

- Falls Sie bisweilen mit Aufschieberitis kämpfen: Mit einem vorgegebenen überschaubaren Zeitblock wird es Ihnen leichter fallen, auch unangenehme Aufgaben in Angriff zu nehmen.

Planungsinstrument und -methode

Scheuen Sie sich nicht, Zeit in die Suche nach dem für Sie passenden Planungssystem zu investieren. Machen Sie sich klar: Es gibt nicht das eine, das beste, das schnellste Planungsinstrument bzw. -system. Es gibt zuallererst nur einmal Ihre konkreten Bedürfnisse und Vorlieben. Was Planungsinstrumente angeht, können Sie zwischen den folgenden vier großen Kategorien wählen:

1. Papierplaner,
2. Organizer,
3. Zeitplan-Software,
4. virtuelle Organizer (Zeit- und Terminplanung über das Internet).

Was die Planungsmethode angeht (z. B. Wochen- oder Tagesplanung bzw. 2-Listen-Technik), so ist diese zum Teil durch das Planungsinstrument vorgegeben, zum Teil ganz Ihnen überlassen.

Tipps

- Wenn Sie feststellen, dass Sie mit einem Planungsinstrument nicht wirklich gern oder effizient arbeiten, dann schaffen Sie es sofort ab – auch wenn Ihnen Kollegen davon vorschwärmen oder Sie Geld darin investiert haben.
- Suchen Sie sich unter den für Sie geeigneten Instrumenten bzw. Methoden diejenigen aus, bei denen der organisatorische Aufwand so gering wie möglich ist. Das System soll Ihnen dienen, nicht umgekehrt.

4.3 Unterbrechungen

Erledigen Sie Aufgaben ohne Zeitverluste

Wie oft, schätzen Sie, werden Sie während eines Arbeitstags aus einer Tätigkeit gerissen, sei es durch das Telefon, durch Mitarbeiter bzw. Kollegen oder durch selbst produzierte Störer? Sehr wahrscheinlich häufiger, als Ihnen lieb ist. Wehren Sie sich dagegen! Denn der Zeitverlust, der Ihnen durch Unterbrechungen entsteht, ist immens. Lesen Sie, wie Sie gegen Unterbrechungen vorgehen.

Mosaik- oder Blockarbeitsstil?

Als Erstes sollten Sie Ihren Arbeitsalltag auf Ihr Arbeitsprofil abstimmen.

Sind Sie am effizientesten in kurzen Einheiten, und sinkt Ihre Produktivitätskurve wenn Sie sich zu längeren Arbeitsphasen disziplinieren? Dann gehören Sie zu den Menschen, die eine Tätigkeit eher in der einen Stunde vor Feierabend getan bekommen als an einem gesamten Arbeitsnachmittag.

Sie haben einen **Mosaikarbeitsstil.** Teilen Sie Ihren Tag entsprechend ein: Planen Sie kurze, konzentrierte Arbeitseinheiten zwischen Verabredungen, Besprechungen, Routinetätigkeiten etc. ein. Vorteil: Sie können, im wahrsten Sinne des Wortes, jede freie Minute nutzen. Ein „Das lohnt sich nicht mehr“ gibt es für Sie nicht.

Sie arbeiten am effizientesten, wenn Sie lange, ungestörte Arbeitsphasen vor sich wissen? Sie können sich – über einen Zeitraum von mehreren Stunden – auf eine Sache konzentrieren, und gelegentliche Unterbrechungen bringen Sie vollkommen aus dem Arbeitsrhythmus?

Dann haben Sie einen **Blockarbeitsstil.** Das heißt: Für Sie ist es besonders wichtig, sich gegen Unterbrechungen abzuschirmen. Ohne ungestörte Arbeitseinheiten kommen Sie mit Ihren Aufgaben nicht voran, und das sorgt wiederum für selbst produzierte Unterbrechungen. Schaffen Sie sich also ungestörte Arbeitseinheiten. Halten Sie beispielsweise einzelne Tage von Besprechungen ganz frei. Legen Sie bei wichtigen Arbeiten das Telefon auf Ihre Sekretärin oder einen Kollegen um, oder schalten Sie einen Anrufbeantworter ein, und erledigen Sie die gesammelten Anrufe dann im Block.

Optimieren Sie Ihr eigenes Telefonverhalten

Meistens sind die anderen schuld – aber eben doch nicht immer. Hier die wirksamsten Techniken für Ihr eigenes Telefonmanagement:

- Bilden Sie Telefonblöcke. Wenn ein Gesprächspartner nicht erreichbar ist, z. B. weil er selbst gerade telefoniert, versuchen Sie's einfach beim nächsten. So vermeiden Sie Wartezeiten.
- Nutzen Sie Rücksprachemappen für Ihre häufigsten Gesprächspartner und sammeln Sie darin alle auftauchenden Ideen, Informationen oder Fragen. Diese können Sie dann in einem Anruf gebündelt durchgehen.

Tipp

- Am besten reservieren Sie eine feste Zeit für Ihre Telefonate, die Sie in Ihren Kalender eintragen. Arbeiten Sie mit tagesaktuellen Telefonlisten. Notieren Sie dort nicht nur, wen Sie an- oder zurückrufen möchten, sondern auch die zu besprechenden Themen – so vergessen Sie garantiert nichts!

Kontrollieren Sie gezielt Ihre Unterbrechungsimpulse

Wenn Sie feststellen, dass Sie sich mit bestimmten Kollegen einfach gern unterhalten und deshalb häufiger mal in einem Gespräch hängen bleiben: Trennen Sie Privates von Beruflichem. Treffen Sie sich mit solchen Kollegen nach der Arbeit, oder gehen Sie zusammen zum Mittagessen.

Was tun Sie, wenn Sie mit einer Arbeit nicht weiterkommen und das Gefühl haben, eine (Kreativ-)Pause zu brauchen? Gehen Sie ins nächste Büro? Rufen Sie jemanden an? Versuchen Sie's doch mal mit Entspannungsübungen, einer Ruhepause am Fenster oder Ähnlichem, was Sie nicht gleich in die Kommunikationsfalle tappen lässt.

Bringen Sie (unvermeidliche) Ad-hoc-Gespräche schnell, aber erfolgreich zu Ende

Es wird immer wieder vorkommen, dass Sie ungeplante Gespräche führen. Für diese gilt: Machen Sie's nett, aber kurz. Halten Sie sich einfach an den folgenden 5-Punkte-Ablauf:

1. Kommen Sie schnell zur Sache. Beschränken Sie die Anfangsbegrüßung auf wenige, freundliche Sätze, bei denen Sie jedoch nicht ins Private abgleiten. Beginnen Sie dann ganz professionell: „Worum geht's denn?"

2. Zeigen Sie sich sachlich. Bieten Sie ungebetenen Besuchern keine Getränke an. Machen Sie es sich nicht bequem, lehnen Sie sich nicht gemütlich im Sessel zurück. Wenn Sie ohnehin standen: Bleiben Sie stehen!

3. Stecken Sie einen klaren zeitlichen Rahmen ab. Stellen Sie gleich zu Beginn fest: „Wir haben zehn Minuten, also kommen wir doch gleich zur Sache."
4. Senden Sie Endsignale, wenn die verabredete Zeit abläuft. Schließen Sie Ihren Zeitplaner, bewegen Sie Papiere auf dem Schreibtisch, rutschen Sie auf Ihrem Stuhl nach vorn. Fassen Sie das Ergebnis der Besprechung in einem Satz zusammen, und fügen Sie hinzu: „Ich denke, wir sind einen ganzen Schritt weitergekommen. Ihr Besuch hat mich gefreut." Notfalls beenden Sie das Gespräch unmissverständlich dadurch, dass Sie mit einem positiven Gesichtsausdruck leicht in die Hände klatschen und sagen: „Ich denke, nun ist alles geklärt." Stehen Sie dann zügig auf.
5. Sorgen Sie für einen positiven letzten Eindruck: Bringen Sie Ihren Gast zur Tür oder begleiten Sie ihn zum Aufzug. Das gibt ihm das Gefühl, dass Sie etwas für ihn tun. So können Sie auch ein kurzes Gespräch zu einem intensiven positiven Erlebnis für Ihren Besucher machen.

Fazit: Seien Sie sachlich, aber höflich. Halten Sie das Gespräch kurz, aber entlassen Sie Ihren Gast mit dem Gefühl, etwas erreicht zu haben.

4.4 Ineffektive Besprechungen

Die aufgewandte Zeit sinnvoll investieren

Was fällt Ihnen zum Thema „Besprechungen" ein?

Ineffektiv? Langweilig? Überflüssig? In erstaunlich vielen Fällen treffen eines oder sogar mehrere dieser Adjektive zu. Dem können Sie ab sofort gezielt entgegentreten!

Prüfen Sie immer die Notwendigkeit einer Besprechung

Fragen Sie immer als Allererstes, ob eine Besprechung überhaupt notwendig ist. Das gilt auch für Routinesitzungen. Besprechungen sollten dann abgehalten werden, wenn es einen Kommunikationsbedarf gibt, der auf anderem Weg nicht gelöst werden kann.

Halten Sie Besprechungen kurz

Wenn Sie die Besprechungsdauer überschaubar halten, werden die Teilnehmer aktiver und konzentrierter mitarbeiten. Und Sie vermeiden lange Aufwärm- und Abschlussphasen. Das können Sie tun:

- Bestimmen Sie immer bereits im Vorfeld neben der Abfolge die Dauer der TOPs, z. B. 10.00 bis 10.30 Uhr: Budget.
- Wenn Sie den vorher festgelegten Zeitplan nicht einhalten konnten: Beenden Sie die Besprechung dennoch zum vereinbarten Zeitpunkt. Legen Sie für nicht bearbeitete TOPs direkt einen neuen Termin fest.

Organisieren Sie Besprechungen nach dem VDN-Prinzip

Zu Zeitfressern werden Meetings und Besprechungen vor allem durch mangelnde Vor- und Nachbereitung der Gespräche. Organisieren Sie deshalb jede Form von Zusammenkunft nach dem VDN-Prinzip.

Vorbereitung: Legen Sie vor der Besprechung genau fest, was Sie erreichen wollen – also nicht nur allgemein, welche Themen auf der Tagesordnung stehen, sondern zu jedem Inhalt konkrete Ziele, wie z. B. „Entscheidung für eine der vorliegenden drei Layout-Varianten".

Durchführung: Sorgen Sie dafür, dass Sie während der Besprechung Ergebnisse erzielen, Entscheidungen treffen und die konkrete Umsetzung der Ergebnisse festlegen. Halten Sie diese in einem Protokoll fest.

Nachbereitung: Nach der Besprechung gilt es, die Umsetzung der Ergebnisse zu kontrollieren – sonst helfen die schönsten Ideen, Meinungen, Vorschläge und Diskussionen nichts.

Tun Sie etwas gegen Unpünktlichkeit bei Besprechungen

Das Zuspätkommen ist bei Besprechungen immer ein Ärgernis. Die Zuspätkommer haben zumeist einen „wichtigen" Grund für ihre Unpünktlichkeit – und sei es nur, die Wichtigkeit der eigenen Person zu unterstreichen. Das können Sie beispielsweise dagegen tun:

- Legen Sie die wichtigsten Tagesordnungspunkte an den Anfang. Oder legen Sie speziell Themen, die für potenzielle Zuspätkommer wichtig sind, an den Anfang.
- Schließen Sie zum festgesetzten Zeitpunkt die Tür, und fangen Sie einfach an. Die radikale Variante: Lassen Sie Zuspätkommer nach Beginn der Besprechung nicht mehr hinein.

5. Zielmanagement

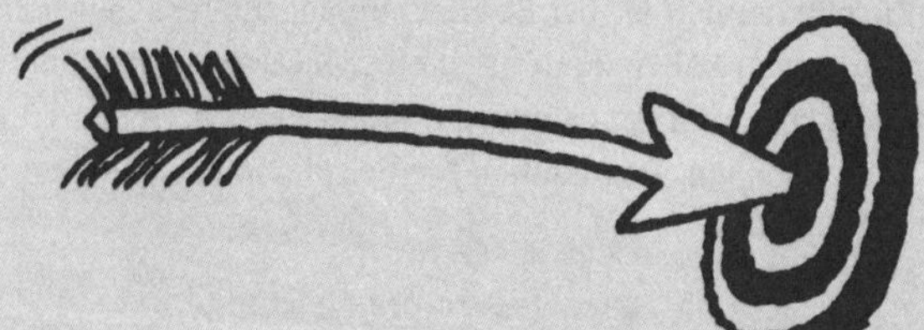

5.1 Die Wunschermittlung

Wie Sie Ihre Wünsche definieren und konkretisieren

Wunschermittlung heißt: Sie stellen zunächst einen Katalog Ihrer möglichen Ziele für sich zusammen. Auf dieser Stufe kümmern Sie sich erst einmal gewissermaßen um den Grobschliff Ihres Zielmanagements.

Ihre Wunschermittlung steht folglich unter dem Motto: „Was will ich privat (Lebensziele) und was beruflich (Karriereziele) – was wünsche ich mir für mein Leben?“ Vier aufeinander folgende Schritte unterstützen Sie bei Ihrer Wunschermittlung.

1. Schritt: Die Erarbeitung Ihres Lebenswunschbildes

Malen Sie sich aus, wie Ihr zukünftiges Leben verlaufen könnte. Es ist in diesem Stadium unerheblich, ob Ihre Vorstellungen realistisch sind. Denken Sie aber daran, wie Ihr Leben bislang verlaufen ist, und berücksichtigen Sie Misserfolge sowie Niederlagen bei Ihrer Einschätzung. Denken Sie zur Einstimmung auf das Thema über folgende Fragen nach:

- Wie ist mein bisheriges Leben verlaufen?
- Wo gab es Erfolge, wo Niederlagen?
- Wie stelle ich mir meine Zukunft vor?
- Wie alt will ich werden?
- Was will ich noch alles erreichen?
- Mit welchen Niederlagen rechne ich?

2. Schritt: Die Entwicklung Ihres beruflichen Leitbildes

Der erste Schritt behandelte vornehmlich Ihren privaten Lebensbereich. Denken Sie nun genauer über Ihre beruflichen Wunschziele nach.

Was würden Sie beruflich am liebsten tun? Wenn Sie Position, Funktion, Titel, Branche und Organisation, Unternehmen oder Institution frei wählen könnten: Was würden Sie gern sein oder werden? Beispiele:

- Geschäftsführer in einer sozialen Einrichtung/Organisation oder in einem mittleren Unternehmen der XY-Branche werden
- Vorstand im Unternehmen X oder Y werden
- Zu den Experten für .... gezählt werden
- Eine Position als Behördenleiter erreichen
- Meine gegenwärtige Position bis zur Pensionierung halten und ausbauen
- Mich selbstständig machen als ....
- Eine politische Karriere als .... anstreben

Tipp

- Formulieren Sie stets so, als hätten Sie das Erwünschte erreicht – und nicht im Konjunktiv, wie es sein könnte, hätten Sie es versucht. Ihr Unterbewusstsein denkt einfach und ohne Umwege in klaren Bildern – und nicht in fiktiven Annahmen. Sind Ihre Vorstellungen auf Eventualitäten ausgerichtet, programmieren Sie Ihr gesamtes Denken und Handeln darauf, wie es zwar sein könnte, aber doch nicht oder nie sein wird.

3. Schritt: Das zeitliche Abgleichen Ihrer Wunschziele

Jedes Ziel, das Sie sich beruflich und privat setzen wollen, hat nur dann einen Sinn, wenn Sie es in einem zeitlichen Rahmen sehen. Das bedeutet nicht nur, dass Sie sich eine realistische Frist zur Erreichung eines Ziels setzen müssen (Grobplanung: langfristig, mittelfristig und kurzfristig). Sie müssen Ihre Wunschziele auch im Verhältnis zu wichtigen Eckdaten Ihres zukünftigen Lebens betrachten.

Überlegen Sie sich, mit welchen Ereignissen Sie in den nächsten 20 Jahren in Ihrer persönlichen Zeitreihe sicher rechnen können beziehungsweise müssen.

Berücksichtigen Sie dabei Ihre wichtigsten Bezugspersonen (Partner, Kinder, Eltern, Freunde, Chef).

4. Schritt: Die Aufstellung Ihres Zielinventars

Jetzt können Sie eine Zielinventar-Liste erstellen. Das Zielinventar fasst die schrittweise erarbeiteten Wunsch- und Leitbilder zusammen.

Gehen Sie Ihre Ergebnisse durch, und filtern Sie die wichtigsten Positionen heraus, die Sie als Lebens- und Karriereziele erreichen wollen.

Denken Sie auch an eher vage Wünsche, die sich durch einen einmaligen, überschaubaren zeitlichen oder finanziellen Aufwand verwirklichen ließen.

Welche Erfahrungen wollten Sie schon immer mal machen, welche Dinge schon immer mal tun? Einen Fallschirmsprung wagen?

Einen Vortrag halten? Auch solche Wünsche werden so konkreter und Teil Ihres Lebensplans.

Mit der Frage nach Ihren Wunschzielen ist der erste Schritt im Zielsetzungsprozess getan.

5.2 Die Situationsanalyse

Ermitteln Sie Ihren persönlichen Standort

Angenommen, Sie streben einen Job an, der mit regelmäßigen Reisen in die USA verbunden ist, und leiden unheilbar an Flugangst – dann sollten Sie schnellstens Ihr Ziel überdenken.

Ziele müssen auf einer realistischen Einschätzung Ihrer Situation fußen, damit Sie sie auch umsetzen können.

Nachdem Sie die Frage nach Ihren persönlichen und beruflichen Wunschzielen geklärt haben, bestimmen Sie nun Ihren Standort: Wie ist Ihre berufliche und persönliche Situation? Was sind Ihre Stärken und Schwächen?

Leitfragen zur privaten und beruflichen Situationsanalyse

Nehmen Sie sich ein Blatt Papier, und beantworten Sie schriftlich die folgenden Leitfragen für Ihre private und berufliche Situationsanalyse. Die Leitfragen helfen Ihnen, Ihren momentanen Standort und Ihre Ressourcen besser einzuschätzen. Sie können die Zukunft nicht losgelöst von der Vergangenheit gestalten, sondern müssen sie auf deren Grundlage aufbauen. Durch Ihre bisherige Entwicklung sind Sie bereits geprägt; Sie tragen Werte, Wünsche und Lebensorientierungen – ob bewusst oder unbewusst – mit sich herum.

A: Privat

- Mein Lebenslauf: Welches waren meine größten Erfolge und welches meine schlimmsten Misserfolge?
- Familiäre Einflüsse: Kindheit? Jugend? Eltern? Geschwister? Bezugspersonen?
- Was sind meine wichtigsten Werte, Charaktereigenschaften und Stärken?
- Was sind meine Schwächen? Was empfinde ich als Belastung?
- Was sind meine Übereinstimmungen, welches meine Konflikte mit meiner Umwelt? Worauf führe ich sie zurück?
- Wie und wann fühle ich mich stark, wann unterlegen und schwach?
- Welche Erfolge konnte ich bisher nicht erzielen? Aus welchen Gründen?
- Welche Gefahren, Schwierigkeiten, Probleme können oder könnten auf mich zukommen?
- Welche Menschen in meiner Umgebung fördern mich, welche behindern mich in meiner Entfaltung?
- Wo kann ich mein Können entfalten, wo nicht?
- Welche für mich negativen Einflüsse von anderen will ich beseitigen?

- Welche positiven Einflüsse will ich fördern, stärker nutzen?
- Was brauchen andere? Was habe ich zu geben?
- Wo und wem kann ich helfen (auch in Gruppen)? Wem kann ich Nutzen bieten?
- Was will ich konkret tun, um anderen Nutzen zu bieten?
- Biete ich den Menschen den größten Nutzen, die mir am meisten nützlich sind?

B: Beruflich

- Kenne ich die Ziele meiner Stelle?
  Weiß ich, was an meinem Arbeitsplatz von mir erwartet wird?
- Sind meine Ziele mit meinem Vorgesetzten abgestimmt?
- Kenne ich die zu meinem Arbeitsgebiet gehörenden, routinemäßig wiederkehrenden Aufgaben?
- Setze ich Prioritäten?
- Plane ich meine Aufgaben? Habe ich jederzeit einen Überblick über die zur Bearbeitung anstehenden Aufgaben?
- Erledige ich meine Aufgaben rechtzeitig, oder gerate ich häufiger unter Druck?
- Nehme ich Aufgaben selbstständig in Angriff?
- Erhalte ich oft Rückfragen oder Reklamationen?
- Erhalte ich Klagen darüber, dass ich andere Stellen unzureichend informiere?
- Wie groß ist der Einfluss meiner Arbeit auf meinen persönlichen Lebensbereich?

- Welchen Nutzen biete ich durch meine momentanen Leistungen?
- Welche Gegenleistungen kann ich daraus beziehen (Gehalt, Aufstieg, Kontakte etc.)?
- Welche Erfolge kann ich in absehbarer Zeit erzielen?
- Mit welchen Misserfolgen muss ich rechnen?

Haben Sie Antworten auf alle Fragen gefunden? Einige werden Ihnen natürlich leichter gefallen sein als andere. Sicher stellen Sie fest, dass Sie nach der konzentrierten Formulierung Ihrer Antworten nun ein viel konkreteres Bild von Ihrer gegenwärtigen Situation haben.

Erstellen Sie nun Ihre Erfolgs- bzw. Misserfolgsbilanz

Ihre persönliche Erfolgsbilanz: Notieren Sie in dieser Bilanz, welche Fähigkeiten, Kenntnisse oder Erfahrungen Ihnen jeweils dabei geholfen haben, Ihre Erfolge zu erzielen. Beispiele:

- Fachkenntnisse: Produkt-, Herstellungs-, Management- oder andere Spezialkenntnisse, Verkaufstechnik, Allgemeinwissen, Kontakte, Sprachen
- Persönlichkeit: körperliche Verfassung (Gesundheit, Fitness), Auftreten, Stehvermögen, Kontaktfähigkeit, Einfühlungsvermögen, Anpassungsfähigkeit, Hilfsbereitschaft, Kritikvermögen, Selbstkritik
- Führungsfähigkeiten: Durchsetzungskraft, Fähigkeit zur Delegation/Unterweisung, Motivation von Menschen und Gruppen, Teamarbeit/Kooperation

- Denkfähigkeiten: Urteilskraft, Kreativität, Logik, Denken in Strukturen/Systemen
- Arbeitstechniken: rationelles und systematisches Arbeiten, Sicherheit bei Entscheidungsfindungen/Problemlösungen, Konzentrationsfähigkeit, ausgefeilte Arbeitsmethodik/-organisation, Diskussions- und Verhandlungstechniken, Rhetorik

Ihre persönliche Misserfolgsbilanz: Notieren Sie nun Ihre Schwachpunkte, damit Sie Aktivitäten, die unter Ihren Schwächen leiden, so weit wie möglich umgehen oder Maßnahmen ergreifen können, um diese Mängel abzustellen.

5.3 Ziele erreichen – die besten Praxistipps

Ziele managen: Kein kurzer Prozess, sondern eine lebenslange Aufgabe

Die Beschäftigung mit Ihren Zielen ist eine Arbeit, die Sie Ihr Leben lang begleiten wird. Das Ziel ist nicht, in einer Stunde den Rest Ihres Lebens bis ins kleinste Detail festzulegen. Nehmen Sie sich dennoch immer genügend Zeit, Ihre Ziele zu erkennen, Ihre Situation auszuarbeiten, Ihre Zielerreichung zu planen und die Umsetzung anzugehen.

Sie werden feststellen, dass nach dem ersten Einstieg neue Ziele auftauchen können, die Sie übersehen haben oder nicht vorhersehen konnten. Lassen Sie das zu. Arbeiten Sie sich ein Stück weit vor, und ergänzen Sie immer wieder neue Ideen und Erkenntnisse. So bleibt Ihr Zielmanagement lebensnah!

Welche Ziele lassen sich realisieren?

Nun können Sie darangehen, sich Ihre in Stufe 1 festgehaltenen persönlichen und beruflichen Wunschziele genauer anzusehen: Welche wollen Sie realisieren, welche nicht? Bedenken Sie dabei auch Ihre persönliche Zeitreihe, um Ihre Ziele mit anderen Ereignissen abzustimmen:

1. Halten Sie die fünf wichtigsten Ziele schriftlich für Ihre Ziel-Mittel-Analyse fest.
2. Überlegen Sie dann konkret, welche persönlichen Eigenschaften/Fähigkeiten, finanziellen Mittel und welcher zeitliche Aufwand nötig sind, um ein Ziel zu verwirklichen.

3. Stehen Ihnen diese zur Verfügung, oder könnten Sie sie sich beschaffen? Entscheiden Sie daraufhin, ob Sie dieses Ziel realisieren möchten/können.

So planen Sie Ihre Handlungsziele erfolgreich

Und nun planen und überwachen Sie die Umsetzung Ihrer Ziele. Dazu benötigen Sie konkrete Handlungsziele. Wenn Sie dabei nach den folgenden fünf Schritten vorgehen, kann nichts schiefgehen!

1. **Planen Sie Ziele immer konkret** – so konkret, dass sie sich in unmittelbare Handlungen umsetzen lassen. Nicht: Ich will gesünder leben. Sondern: Ich werde jeden Tag vor dem Frühstück einen 15-minütigen Waldlauf machen. Nicht: Ich möchte einen besseren Kontakt zu meinen Mitarbeitern haben. Sondern: Ich werde mir jede Woche für jeden Mitarbeiter 20 bis 40 Minuten Zeit für berufliche bzw. private Themen reservieren.

2. **Unterteilen Sie große, unübersichtliche Ziele in Etappenziele.** Je überschaubarer und konkreter die Etappenziele sind, desto leichter wird es Ihnen fallen, sie anzusteuern. Und: Viele Teilerfolge auf dem Weg zum Ziel motivieren zum Durchhalten.
3. **Setzen Sie sich immer konkrete Erledigungstermine.** In Fällen, in denen Sie keine Termine nennen können, geben Sie sich Kontrolltermine/Meilensteine vor.

Tipps

So vermeiden Sie typische Fehler

- Formulieren Sie schriftlich. Sie werden auf diese Weise dazu angehalten, sich mit Ihren Zielen auseinander zu setzen und sie zu präzisieren.
- Bleiben Sie realistisch. Wenn Sie sich unrealistische Ziele setzen, geraten Sie nur unnötig unter Druck und demotivieren sich, wenn Sie das Ziel nicht erreichen. Sie bauen bereits in den Zielsetzungsprozess eine Entschuldigung dafür ein, dass Sie ein Ziel nicht umsetzen werden.
- Seien Sie flexibel. Zielsetzung ist ein permanenter Prozess. Ziele lassen sich oftmals nicht ein für alle Mal festlegen, sondern müssen modifiziert werden. Das kann daran liegen, dass Ihre Vorstellungen inhaltlich falsch oder Ihre Ansprüche trotz Bemühens um realistische Vorgaben zu hoch oder zu niedrig angesetzt waren.
- Setzen Sie Prioritäten. Zu viele Ziele bergen die Gefahr, dass Sie sich auf dem Weg verzetteln. Sie haben nichts gewonnen, wenn es Ihr Ziel ist, abends früher nach Hause zu kommen, Sie die meiste Zeit aber doch wieder im heimischen Arbeitszimmer verbringen.
- Seien Sie konsequent. Fragen Sie sich ständig bei Ihren täglichen Arbeitsaktivitäten: Bringt mich das, was ich im Moment tue, meinem Ziel wirklich einen Schritt näher? Wenn nicht: Entledigen Sie sich dieser Aufgaben.
- Überprüfen, aktualisieren und ergänzen Sie Ihren Lebens- und Karriereplan regelmäßig.

4. **Beschaffen Sie sich ausreichend Informationen.** Die Formulierung beispielsweise von Handlungszielen für ein berufliches Ziel erfordert Informationen aus erster Hand sowie genaue Orientierung in Unternehmen, Branche und Markt. Hier werden auch die fachliche Weiterbildung sowie die Erweiterung Ihres beruflichen und fachlichen Wissens- und Erfahrungsschatzes eine bedeutende Rolle spielen.
5. **Machen Sie den ersten Schritt!** Für Ihre Lebens- wie auch für Ihre Karriereplanung gilt: Ein kleiner Schritt, der sofort in Angriff genommen wird, bringt oft mehr als umfangreiche strategische und grandiose Planungsüberlegungen, die Aktionen nur schleppend in Gang kommen lassen.

6. Checklisten, Formulare & Co.

6.1 Checklisten selbst erstellen

So entwickeln Sie schnell und unkompliziert eine Checkliste

Zur Entwicklung einer Checkliste bedarf es nur weniger Schritte. Orientieren Sie sich dabei an unserem 5-Schritte-Plan. Sie werden feststellen: Die Zeit, die Sie investieren, haben Sie bereits nach der ersten Nutzung der Checkliste wieder eingespart.

1. Schritt: Idee zur Checkliste

Sie haben die Idee, z. B. Ihre Abwesenheit vom Büro mithilfe einer Checkliste vorzubereiten. Denn Sie möchten sichergehen, dass auch während Ihrer Abwesenheit alles reibungslos abläuft. Außerdem kann Ihnen die Checkliste beim nächsten Mal helfen, Ihre Vorbereitungszeit zu verkürzen.

2. Schritt: Skizzieren der Tätigkeiten bzw. Aufgaben

Überlegen Sie, was in groben Zügen getan werden muss. Schreiben Sie am besten jedes Stichwort auf jeweils eine Karteikarte; Karten können Sie gut sortieren, hin- und herschieben sowie ergänzen. Für die Abwesenheit vom Büro sind beispielsweise folgende Stichwörter denkbar:

- Aufgabenerledigung
- Vertretung
- Mitarbeitereinweisung

3. Schritt: Ausformulieren der Tätigkeiten bzw. Aufgaben

Wenn Sie sicher sind, alle Stichwörter notiert zu haben, gehen Sie daran, die Tätigkeiten bzw. Aufgaben auf denselben Karten auszuformulieren:

- noch offene Aufgaben frühzeitig erledigt
- Organisation der Vertretung geregelt
- Mitarbeiter umfassend eingewiesen

4. Schritt: Zerlegen in Teilaufgaben

Sollte sich eine Aufgabe aus mehreren Teilaufgaben zusammensetzen, notieren Sie sich, welche Teilaufgaben das sind. Nutzen Sie dafür wieder Karten, die Sie dann jeweils der übergeordneten Tätigkeit bzw. Aufgabe lose zuordnen. Die Aufgabe „Mitarbeiter umfassend eingewiesen" kann z. B. wie folgt unterteilt werden:

- in neue Aufgaben eingewiesen
- Aufgaben übergeben
- über neue Kompetenzen informiert

5. Schritt: Erstellen einer Ablaufskizze

Nun legen Sie eine Ablaufskizze an. Das heißt, Sie bringen die Oberbegriffe in eine Reihenfolge und sortieren die Unterbegriffe (Teilaufgaben) logisch dazu. Eine logische Reihenfolge kann sein:

- nach Dringlichkeit der einzelnen Tätigkeiten
- nach Datum oder Zeitfenster

Tipps

- Achten Sie auf die richtige Formulierung: Es ist psychologisch ratsam, – soweit möglich – bereits abgeschlossene Handlungen zu formulieren (z. B. „Termine weitergeleitet"). So „dürfen" Sie sie erst dann abhaken, wenn sie auch tatsächlich erledigt sind.
- Bauen Sie ausreichend Leerzeilen in Ihr Dokument ein. So können Sie jederzeit bequem handschriftliche Ergänzungen direkt auf der ausgedruckten Checkliste vornehmen.

6.2 Formulare: Maßgeschneidert für Ihren Bedarf

Kleine Formular-Typologie

Unterscheiden Sie grundsätzlich zwischen Formularen für den externen und für den internen Gebrauch sowie Formularen, die Informationen einholen, und solchen, die Informationen bringen.

Das externe Formular

Bei externen Formularen ist eine professionelle Gestaltung Pflicht. Ihre Partner müssen den Eindruck einer soliden Organisation mit eindeutigem Erscheinungsbild haben. Wichtig ist deshalb, dass Ihr Firmenschriftzug und/oder -logo konsequent und einheitlich verwendet werden.

Geht es um geschäftliche Dinge, müssen außerdem Adresse, Name des Geschäftsführers, Handelsregister-Nummer, Bankverbindung und Telefon, Fax, E-Mail etc. vorhanden sein.

Das externe Bring-Formular: Mit solch einem Vordruck wollen Sie Kunden, Lieferanten, Partner etc. informieren bzw. ihnen etwas bescheinigen. Beispiele sind Quittungen über einen gezahlten Betrag, Faxvordrucke, ein Kuchenbon, ein Gutschein oder eine Eintrittskarte.

Hier ist der Aufbau ganz klar: Im Mittelpunkt stehen die Sache (der gezahlte Geldbetrag, die Faxinfo) sowie, falls erforderlich, der Empfänger und natürlich der Absender.

Das externe Hol-Formular: In diesem Fall wird ein Formular nach außen gegeben, damit es um Unterschriften, Bestätigungen oder Informationen ergänzt zu Ihnen zurückkehrt. Beispiele sind Bestellformulare oder Auftragsformulare.

Naturgemäß ist der Aufbau solcher Formulare komplizierter, weil Sie etwas von Ihrem Gegenüber erhalten wollen.

Versuchen Sie, sich beim Entwurf in den Empfänger hineinzuversetzen. Ein Auftragsformular beispielsweise soll so aufgebaut sein, dass der Kunde seine Wünsche problemlos und eindeutig darstellen kann. Worauf kommt es hierbei an? Bestellnummer, Artikelbeschreibung, Stückzahl, Farbe, Verpackungseinheit?

Das interne Formular

Hierbei geht es um die interne Zusammenarbeit: Delegation, Information und Organisation von Abläufen. Interne Formulare sind meist etwas einfacher gestaltet.

Das interne Bring-Formular: Mit solch einer Unterlage werden Informationen gegeben, Aufgaben delegiert, Aktivitäten freigegeben und möglich gemacht (z. B. ein Telefon-Memo oder ein Protokoll/Bericht).

Das interne Hol-Formular: Mit solchen Formularen werden Informationen und Sachverhalte abgefragt, wie z. B. beim Tages- und Wochenberichts-Formular oder beim Fahrtenbuch.

1., 2., 3., ...

So gestalten Sie übersichtliche und Zeit sparende Formulare:

1. Sammeln Sie alle Daten und Informationen, die auf das Formular sollen. Beziehen Sie bei dieser Arbeit auch die Mitarbeiter mit ein, die mit dem Formular arbeiten werden.
2. Berücksichtigen Sie auch ablauforganisatorische Daten, wie beispielsweise ein Feld für den Ablagevermerk.
3. Strukturieren Sie die Informationen, und entwerfen Sie das Layout. Bilden Sie optische Informationsblöcke.

1. Versetzen Sie sich in die Perspektive dessen, der das Formular ausfüllen wird: Stimmt die innere Logik des Formulars?
2. Gestalten Sie die Sprache knapp und klar. Verwenden Sie gebräuchliche, selbsterklärende Wörter. Vermeiden Sie Abkürzungen.
3. Achten Sie auf die Platzeinteilung: Ist genügend Ausfüllplatz vorhanden? Müssen Standard-Zeilenabstände berücksichtigt werden?

1. Testen Sie das Muster-Formular: Ziehen Sie dazu auch einen Mitarbeiter heran, der bisher nicht an der Gestaltung beteiligt war.
2. Arbeiten Sie die Anregungen in den Entwurf ein, und machen Sie noch einen Probelauf.

6.3 Super-Buch: Einfaches Notizmanagement

Ideen, Aufgaben und Notizen an einem Ort im Sofort-Zugrif

Haben Sie auch an manchen Tagen das Gefühl, den Überblick über Ihre Aufgaben zu verlieren? Telefonate, Besprechungen, Besucher, Faxe, zu erledigende Post – von privaten Pflichten ganz zu schweigen? Sie können aufatmen, denn es gibt eine einfache Methode, eine Aufgabe nach der anderen zu erledigen, ohne dass Sie etwas vergessen: Legen Sie sich ein Super-Buch an!

Die besondere Idee hinter dem Super-Buch ist folgende: Sie haben einen Ort, an dem Sie alles festhalten – Ideen, Termine, Aufgaben, allgemeine Notizen etc. Es gibt dann bei Ihnen weder umständliche Listen noch Schmierzettel, auf denen nur die Hälfte steht, die nicht abgearbeitet werden oder verschwinden. Wählen Sie eine der folgenden fünf Varianten:

- Die klassische Variante: Besorgen Sie sich (in einem Schreibwaren- oder Geschenkartikelladen) ein dickes, gebundenes, außen farbiges DIN-A4- oder DIN-A5-Buch – blanko, liniert oder kariert. 100 Seiten sollte es mindestens haben, besser sind 150 und mehr. Achten Sie darauf, dass Ihr Buch sich farblich von anderen Schreibtischfarben absetzt, damit Sie es jederzeit schnell finden. Und: Es sollte ein Buch sein, das Sie wirklich gern in die Hand nehmen und dessen Papierqualität Ihnen zusagt, denn Sie werden damit sehr viel arbeiten.
- An Stelle eines gebundenen Buchs können Sie auch mit einem DIN-A4- oder DIN-A5-Ringbuch arbeiten. Entwerfen Sie sich da-

für auf dem Computer Einlageblätter, die Sie dann ausdrucken.

- Wenn Sie ein Zeitplanbuch nutzen, können Sie das Super-Buch auch in Ihrer Datenbank im Zeitplansystem unterbringen.
- Wenn Sie lieber mit dem Computer arbeiten, legen Sie sich Ihr Super-Buch auf dem PC an. Einfachste Lösung: Sie erstellen sich mithilfe Ihrer Textverarbeitung eine Datei mit dem Namen „BUCH".
- Komfortabler ist diese EDV-Alternative: Nutzen Sie die Vorteile von Datenbankprogrammen wie beispielsweise „Access" von Microsoft oder „Approach" von Lotus. Sie speichern dann Ihre Ein- tragungen in einzelnen Datensätzen und können sie später z. B. nach Prioritäten, Erstellungs- oder Wiedervorlagedatum sortiert abarbeiten.

So arbeiten Sie mit dem Super-Buch

Als ersten Schritt nummerieren Sie die Seiten in Ihrem Buch. So verhindern Sie, dass einzelne Einträge auf Nimmerwiedersehen verschwinden.

1. Was in Ihr Super-Buch kommt

Schreiben Sie alle Aufgaben, die Sie erledigen müssen, in Ihr Buch: Telefonate, Anfragen, Briefe, Bestellungen, Kalkulationen, den ersten Schritt eines Projekts. Dabei ist es unerheblich, ob es sich um lang- oder kurzfristige Aufgaben handelt. In Ihr Super-Buch gehören auch alle Ideen, die Sie haben, ebenso wie private Aufzeichnungen, z. B. „Tante Gertrud Blumen zum Geburtstag senden".

2. So sorgen Sie für Übersicht

Lassen Sie bei Ihren Einträgen links einen Rand – und notieren Sie dort Datum, Priorität (z. B. mit einem Stern), Nummer sowie Delegations- oder Namenszeichen.

Wenn Sie ein größeres Projekt notieren: Lassen Sie eine Seite Platz dahinter, da Sie beim ersten „Brainstorming" in der Regel nicht genügend Zeit haben, alles im Detail zu durchdenken. Wann immer eine Aufgabe erledigt ist, streichen Sie den Punkt durch. Kreuzen Sie die ganze Seite durch, wenn alle Aufgaben darauf erledigt sind. Das sind Ihre Erfolgserlebnisse. Vielleicht möchten Sie sich auch notieren, wann Sie die Aufgabe erledigt haben, dann schreiben Sie das Datum dazu.

3. So planen Sie den nächsten Tag

Am Ende eines jeden Tages überlegen Sie sich, welche Aufgaben Sie heute nicht geschafft haben und welche Sie morgen erledigen wollen. Für diese Planung brauchen Sie nie mehr als zehn Minuten. Sehen Sie sich Ihr Super-Buch an, und entscheiden Sie, was Sie morgen tun wollen oder was Sie delegieren können.

Tipp

- Falls der nächste Tag beispielsweise durch mehrere Besprechungen zerstückelt wird, suchen Sie sich aus Ihrem Super-Buch kleinere Aufgaben heraus, die Sie gut zwischendurch erledigen können.

6.4 Kalender: Übersicht und Nutzungs-Tipps

Kalender: Visuelles Management der Zeit

Scheinbar ist es heutzutage einfach, ohne gedruckten Kalender auszukommen. Über das Tagesdatum geben die Armbanduhr und die Bildschirmanzeige des PCs Auskunft. Für die Terminorganisation und -erinnerung gibt es moderne Technik: vom Outlook-Programm im Büro bis zu den verschiedensten Palmtops und Smartphones unterwegs. Trotzdem gibt es den Kalender, und er wird auch benutzt, denn er ist ein sinnliches, einfach zu handhabendes Medium, um Arbeits- und Lebenszeit sichtbar zu machen – verfügbare und verplante, manchmal sogar überbelegte Zeit. Im Zeitalter der Navigationssysteme schauen sich immer noch viele Menschen Fahrt- und Reiserouten auf der Landkarte an. So ist es auch mit Kalendern: Es sind Landkarten der Zeit. Und wie bei der geografischen Kartografie gibt es auch hier die unterschiedlichsten Layouts, Ausschnitte und Maßstäbe.

Für den großen Überblick: Das Jahreskalender-Poster

Wenn der neue Kalender zwischen Weihnachten und Neujahr aufgehängt wird, ist das Interesse im Büro groß. Wie viele Feiertage fallen auf einen Sonntag? Liegt Ostern früh oder spät? Jahreskalender-Poster sind die „Weltkarten“ unter den Kalendern. Sie können darauf die Grundstruktur des organisatorischen Jahreslaufs von Firmen, Abteilungen und Teams sichtbar machen. Wandkalender gibt es in unterschiedlichen Ausführungen, von DIN A1 bis DIN A4. Man bekommt sie oft als Werbeartikel; Sie können sie aber auch in

beliebigen Formaten neutral kaufen (siehe Produkt-Übersicht am Ende des Beitrags). Besonders nützlich sind „überlappende" Übersichten mit 13 oder 14 Monaten: Damit können Sie die Jahreswende fließend organisieren. Sehr wichtig ist es, dass die Kalenderwochen-Zahlen groß und plakativ gedruckt sind.

Nutzungs-Tipps für das Jahreskalender-Poster: Fangen Sie gleich zum Jahresanfang damit an, die Großereignisse wie Messen oder Hausmessen, Jahresabschlüsse oder Hauptversammlungen mit Klebepunkten zu signalisieren. Alles, was als Aktivität – intern wie extern – komplette Tage belegt, sollte hier verzeichnet werden.

Wenn das Team nicht zu groß ist, passen auch die Urlaubszeiten von direkten Kollegen oder sogar von allen Mitarbeitern in die Übersicht. Unterscheiden Sie die Urlaubstage von betrieblichen Projekten und öffentlichen Ereignissen durch unterschiedliche Farben.

Für die Feinplanung ist der Maßstab des Jahres-Wandkalenders zu grob; durch das Eintragen von zu vielen Details wird er unübersichtlich. Deshalb sollten Sie sich auch wuchtige Einträge mit dem dicken Filzstift verkneifen.

Setzen Sie ordentliche, farblich differenzierte Klebepunkte zur optischen Führung durch das Jahr ein. Das visuelle Management und die Herstellung einer gemeinsamen räumlichen Vorstellung von der (verplanten) Team-Zeit sind das, was der große Kalender am besten kann.

Der Leporello-Kalender ...

... ist ein persönlicher Jahres- oder Monatsplaner. Zickzackgefalzt kann er – im Gegensatz zum großen Terminkalender und auch zu den meisten Zeitplanbüchern oder Palmtop-Taschencomputern – wirklich überallhin mitgenommen werden.

Nutzungs-Tipps für den Leporello: Der besondere Vorteil dieses Zeitplaners ist sein „Immerdabei-Format“: Sinnvoll ist er also, wenn Sie darin alle Termine – geschäftliche wie private! – notieren, dann haben Sie alle Daten parat.

Das Format zieht allerdings auch die Grenze für den Einsatz: Wenn Sie nicht eine besonders kleine Schrift oder außerordentlich wenige Termine haben, wird Ihnen der Leporello-Kalender als alleiniges Planungsinstrument nicht ausreichen. Sinnvoll ist es ohnehin, mit Abkürzungen zu arbeiten, verschiedene Farben zu verwenden oder auch Tage ohne weitere Zeitdetails durch Schraffierung zu blockieren.

Auf diese Weise nutzen Sie eine weitere Stärke dieser Kalenderart: die des Überblicks. Mit einem Blick können Sie feststellen, ob Sie die zusätzliche Geschäftsreise in den März legen oder nicht doch lieber auf den April verschieben, weil im März schon so vieles schraffiert ist.

Wichtig ist jedoch, dass Sie die Synchronisierung mit Ihrem Erst-Planungsinstrument – sei es Outlook oder ein Zeitplanbuch – ganz diszipliniert vornehmen. Sonst gibt es eine „doppelte Buchführung“, die mehr Verwirrung stiftet, als sie Nutzen schafft.

Der klassische Wochen-Terminkalender ...

... ist für viele Menschen nach wie vor das wichtigste Instrument, um Arbeitswochen zu arrangieren und sich vorzustellen. Dieser persönliche Zeit-Atlas ist ein fest gebundenes Buch, häufig im Format DIN A5. Der Wochen-Überblick ist nicht für umfangreichere Notizen gedacht, sondern er soll Übersicht schaffen über das Verhältnis zwischen verplanter und verfügbarer Zeit. Wenn Sie nach einem Termin in der Kalenderwoche XY gefragt werden, dann schlagen Sie die entsprechende Doppelseite auf, stellen fest, dass es hier bereits mehr als sechs Einträge gibt, und wissen dann, dass Sie in dieser Woche keine Chance für eine ernsthafte Projektbearbeitung mehr haben, wenn Sie sich noch einen Termin mehr aufladen.

Nutzungs-Tipps für den Wochen-Terminkalender: Viele Nutzer von Wochen-Terminkalendern arbeiten mit „Buchhalternasen“: Es wird nicht nur der Termin eingetragen, sondern es wird auch mittels Schrägstrichen darüber und darunter festgehalten, welcher Zeitraum insgesamt durch Anreise und Dauer des Termins verplant ist/zur Verfügung steht. So entsteht ein noch wesentlich anschaulicheres Bild über die reale Terminbelastung. Woche ist nicht gleich Woche: Unabhängig von konkreten Terminen hängt zu gewissen Zeiten die Jahrestagung in der Luft, die Messevorbereitung oder das „letzte Gefecht“ vor dem Jahresurlaub.

Achten Sie deshalb darauf, dass Ihr Wochen-Kalender auch Platz für Einträge zur Arbeitssystematik wie Erinnerungen an Prioritäten bietet. Wenn Sie Ihre Regiearbeit für die produktive Ausfüllung der Woche allerdings noch weiter intensivieren wollen, sollten Sie über die Anschaffung eines Zeitplanbuchs nachdenken.

Der Wochen-Terminkalender enthält üblicherweise nur Hinweise auf klare, allgemein bekannte Sachverhalte. Deshalb gilt er auch als „zugänglich für andere“ – anders als der Leporello-Kalender oder das Zeitplanbuch. Wenn Sie abwesend sind, ist es zweckmäßig, den Kalender auf dem Schreibtisch zu hinterlassen: zur Einsichtnahme für andere.

Der Tages- Terminkalender

... ist die „Wanderkarte" unter den Kalendern: mit einer ganzen Seite pro Tag, meist im Format DIN A5 und zum dicken Buch gebunden. Für umfangreiche Planungs- und Notieraufgaben, z. B. in Praxen und Kanzleien, werden auch größere Formate angeboten.

Nutzungs-Tipps für den Tages-Terminkalender: Für das dicke Tagebuch gibt es zwei ganz unterschiedliche Anwendungsgebiete: Erstens ist er überall da unentbehrlich, wo zahlreiche (in der Regel kurze) Termine stunden- und minutengenau geplant und vergeben werden, z. B. Sprechstunden oder Service-Touren. Hier gelten dieselben Anwendungsregeln wie beim Wochen-Kalender: geplante Termindauer einschließlich Vorbereitung visualisieren, keine zusätzlichen Eintragungen machen, die die Klarheit der Tages-Übersicht beeinträchtigen können.

Sie können diese Terminbücher aber auch als berufliches Tagebuch für Protokollnotizen, Ideen und Skizzen benutzen. Je nach Bedarf gibt es Buchkalender mit Blanko-Seiten, Liniierung oder auch mit kariertem Papier.

6.5 Zeitplanbücher: Anwender-Tipps

Warum ein Zeitplanbuch?

Zeitplaner gibt es in gebundener und in loser Form. Wir empfehlen die weitaus flexibleren Loseblattplaner. Die können Sie exakt Ihren individuellen Bedürfnissen anpassen: Einzelseiten nach Belieben einordnen oder eben auch herausnehmen. Ein solches Zeitplanbuch dient Ihnen dann gleichermaßen als Terminkalender, Tagebuch, Notizbuch, Planungsinstrument, Kon-

trollwerkzeug, Erinnerungshilfe, Adressregister und auch als Nachschlagewerk.

Gemeinsam sind den Zeitplanbüchern unterschiedlicher Hersteller vier Standardelemente:

- der Planungsteil mit Kalendarium,
- der Strategieteil,
- der Datenbankteil und
- der allgemeine Teil.

Mit zwei Listen arbeiten reduziert das lästige Übertragen

Wenn Sie Ihre Aufgabenliste selten bis auf den letzten Punkt erledigen und es satt haben, immer wieder Aufgaben auf den nächsten Tag zu übertragen, arbeiten Sie doch einfach mit zwei Listen:

In eine Master-Liste tragen Sie alle zu erledigenden Aufgaben ein – einfach in der Reihenfolge, in der sie bei Ihnen auf dem Schreibtisch landen. Nummerieren Sie sie fortlaufend durch, und vergeben Sie Termine und Prioritäten.

In die tagesaktuelle Aufgabenliste übernehmen Sie aus Ihrer Mas ter-Liste jeweils nur solche Aufgaben, die Sie am jeweiligen Tag bearbeiten wollen und können. Dabei genügt es oft, wenn Sie sich laufende Nummern und ein Stichwort notieren.

„Achtung, belegt!“

Umranden Sie in der Jahresübersicht solche Tage, die komplett belegt sind (etwa wegen einer Reise, einer Familienfeier oder einer ganztägigen Planungssitzung). Mit diesem optischen Signal erkennen Sie auf einen Blick, dass Sie auf die entsprechenden Tage keinen Termin legen dürfen.

Unbestätigte Termine auf Post-its einkleben

Termine, die noch nicht sicher sind, können Sie auf schmalen Post-its notieren. Die kleben Sie dann an dem entsprechenden Tag im Kalendarium ein. Ihre Vorteile: Verändert sich der Termin doch, müssen Sie weder durchstreichen noch radieren. Und das Post-it dient Ihnen als optisches Signal, dass hier noch etwas zu klären ist.

Auf oft benutzte Seiten ohne Blättern zugreifen

Sie wollen einige besonders häufig benutzte Seiten noch schneller finden? Dabei helfen Ihnen Signalreiter, die Sie seitlich oder oben (je nachdem, wo Ihre allgemeine Registereinteilung nicht ist) an den entsprechenden Seiten befestigen.

Zusätzliche Adressregister einfügen

Adressregister haben den einen großen Vorteil: Sie funktionieren nach dem A–Z-System, das nicht nur bei Adressen Suchzeiten minimiert. Weitere sinnvolle Einsatzgebiete: Benutzen Sie ein A–Z-Register für Rücksprachethemen. Sie müssen den Kollegen Maier auf einen Bericht ansprechen? Notiz unter „M".

Oder nutzen Sie das Register als Ideenspeicher. Schnell notieren – und tatsächlich wiederfinden!